A PRÁTICA
DO AMOR
A JESUS CRISTO

A PRÁTICA DO AMOR A JESUS CRISTO

Segundo Santo Afonso Maria de Ligório

*Tradução, adaptação e condensação de
Pe. Flávio Cavalca de Castro, C.Ss.R.*

EDITORA SANTUÁRIO

Direção Editorial: Pe. Flávio Cavalca de Castro, C.Ss.R.
Pe. Carlos Eduardo Catalfo, C.Ss.R.
Coordenação Editorial: Elizabeth dos Santos Reis
Diagramação: Alex Luis Siqueira Santos
Capa: Felipe Marcondes

Dados Internacionais de Catalogação na Publicação (CIP)
(Câmara Brasileira do Livro, SP, Brasil)

Afonso Maria de Ligório, Santo, 1696-1787
A prática do amor a Jesus Cristo segundo Santo Afonso Maria de Ligório / Santo Afonso Maria de Ligório; tradução, adaptação e condensação de Flávio Cavalca de Castro. —Aparecida, SP: Editora Santuário, 2002. — (Coleção Escritos de Santo Afonso, 4)

Título original: Pratica di amar Gesù Cristo
ISBN 85-7200-821-7

1. Amor - Aspectos religiosos - Cristianismo 2. Espiritualidade 3. Jesus Cristo - Literatura devocional. 4. Orações I. Castro, Flávio Cavalca de. II.Título. III. Série.

02-4395   CDD-248.4

Índices para catálogo sistemático:

1. Vida cristã: Espiritualidade: Cristianismo 248.4

6ª impressão

Todos os direitos reservados à **EDITORA SANTUÁRIO** – 2022

Rua Pe. Claro Monteiro, 342 – 12570-000 – Aparecida-SP
Tel.: 12 3104-2000 – Televendas: 0800 - 0 16 00 04
www.editorasantuario.com.br
vendas@editorasantuario.com.br

Pode até parecer pretensão querer adaptar e condensar texto de Sto. Afonso de Ligório, autor aprovado por três séculos de leitores de todas as falas.

Vamos dizer que se trata antes de aceitar um risco bastante grande, mas não irreparável. Se a tentativa for julgada desastrada, o único prejudicado serei eu, pelos reparos merecidos e pelo tempo gasto. O texto original e seu autor são grandes e sólidos demais para saírem diminuídos da empreitada.

Se minha tentativa empobrecer sua mensagem, Afonso haverá de me perdoar, ao ver que fui levado pelo entusiasmo que seu texto soube despertar depois de tanto tempo. Se algumas ou muitas espigas do seu trigo ficarem no campo, é que eram fartos os feixes, grandes demais para meus braços.

Foi em meados de 1767 que Sto. Afonso, em seus momentos livres dos trabalhos de bispo e quando a doença lho permitia, começou a escrever, aos setenta anos, um novo livro, bastante diferente dos que antes publicara. Já estava pronto em março do ano seguinte.

E parece que estava com muita pressa de vê-lo publicado. Tanto que a impressão começou em Nápoles, em março, antes ainda de a obra estar concluída. No dia 30 de junho de 1768 um exemplar já estava sendo enviado para outro editor, em Veneza.

Numa carta ia o parecer do autor, que não se julgava vaidoso ao afirmar: "Enviei-lhe o meu livro, a Prática do amor a Jesus Cristo, que foi muito bem acolhido em Nápoles. É a mais devota e a mais útil das minhas obras. Ali eu trato de todas as virtudes, com belíssimas frases e exemplos dos santos".

E seu julgamento não estava errado. "Podemos comprovar que até 1980 essa obra foi editada 535 vezes. Em italiano, foram pelo menos 168 edições; em francês, mais de 260. Atualmente encontra-se o livro em todas as línguas europeias e em quase todos os idiomas do mundo, inclusive em chinês, senegalês, árabe e vietnamita...

É o livro da maturidade, da plenitude espiritual, das convicções profundas, das conclusões definitivas. É sem dúvida a obra mais completa de Afonso, a mais perfeita, a mais bela" (Ezio Marcelli, C.Ss.R., in Alfonso M. Dei Liguori, Pratica di amar Gesù Cristo).

"O livro, com suas dependências literárias que o erudito sabe identificar, pode ser considerado como uma espécie de autobiografia espiritual. Nele Afonso descreve, sem hipocrisias estilísticas, suas próprias experiências. Reapresenta, com um inconfundível tom pessoal, os ensinamentos que assimilara em suas abundantes leituras, principalmente de S. Francisco de Sales, S. Vicente de Paulo e Sta. Maria Madalena dei Pazzi. A síntese, admirável por seu conteúdo, é também admirável pela prosa em que foi redigida, certamente a melhor de todo aquele século XVIII napolitano" (Oreste Gregorio, C.Ss.R., in S. Alfonso M. De Liguori, Pratica di amar Gesù Cristo, Edizioni Paoline 1986).

Desde 1982 a Editora Santuário tem publicado o texto integral da PRÁTICA DO AMOR A JESUS CRISTO, numa tradução do Pe. Gervásio Fábri dos Anjos, C.Ss.R., que em 2001 chegou à sua décima segunda tiragem. A presente adaptação-condensação foi feita a partir da edição crítica do original italiano em "OPERE ASCETICHE" Vol. I, pp. 1 - 243, C.Ss.R., Roma 1933.

Se o leitor acabar achando que o vinho antigo era melhor, e voltar ao texto original de Afonso, ainda assim me dou por bem pago, por lhe ter despertado a sede.

Pe. Flávio Cavalca de Castro, C.Ss.R.

1

Jesus merece nosso amor porque muito nos amou sofrendo por nós

A santidade, a perfeição consiste em amar Jesus Cristo, nosso Deus, nosso bem, nosso Salvador. Quem me ama, diz Jesus, será amado pelo Pai (Jo 16,27).

Alguns imaginam que a perfeição esteja na austeridade de vida, ou na oração, ou no receber sempre os sacramentos. Estão enganados. A perfeição está em amar Deus com todo o coração.[1]

S. Paulo nos recomenda que, acima de tudo, tenhamos a caridade, que é a garantia da perfeição (Cl 3,14). A caridade é que dá unidade e firmeza a todas as virtudes que fazem a pessoa perfeita. Ame e faça o que quiser: ame a Deus e faça o que quiser.[2] Porque

---

[1] S. Francisco de Sales.
[2] Sto. Agostinho.

quem ama a Deus aprenderá do amor a nada fazer que lhe desagrade, mas fazer tudo que lhe é agradável.

E Deus, por acaso, não merece todo o nosso amor? Ele nos amou desde toda a eternidade (Jr 21,3). Como se nos dissesse: "Veja, eu amei você por primeiro. Você ainda não estava no mundo, nem o mundo existia, e eu já amava você. Desde que sou Deus, desde que me amo estou amando você". [...]

Sabendo Deus que somos atraídos pelos favores, quis conquistar nosso amor com seus dons. Como que dizendo (Os 11,4): Quero fazer que as pessoas me amem atraindo-as com os laços com que se deixam prender, com os laços do amor.

Por isso Deus nos fez tantos benefícios. Deu-nos uma alma com capacidades que nos fazem imagens suas: memória, inteligência, vontade, e um corpo capaz de sentir a realidade. Criou os céus, a terra e tantas coisas, tudo por amor a nós: o firmamento, as estrelas, os planetas, os mares, os rios, as fontes, as montanhas, as planícies, os minerais, os frutos e tantos animais. Fez todas as criaturas para o nosso bem, e fez a nós para que o amássemos cheios de gratidão por tantos dons.

Céu, terra, tudo me diz que devo amar--vos, Senhor.[3] *Quantas coisas vejo na terra e acima da terra, todas dizendo e insistindo que devo amar-vos, pois todas me dizem que por amor de mim as fizestes.* [...]

Deus, porém, não se contentou em dar--nos todas essas belas criaturas. Para cativar nosso amor, chegou a dar-se a si mesmo. O eterno Pai chegou a dar-nos seu próprio Filho único (Jo 3,16). Vendo o eterno Pai que estávamos todos mortos e sem a sua graça por causa do pecado, que fez? Pelo seu amor imenso, ou melhor, como diz o Apóstolo, pelo amor demais que nos tinha, mandou seu Filho amado para nos remir, e assim nos devolver a vida tirada pelo pecado (Ef 2,4-5). E dando-nos o Filho, com ele deu-nos todo o bem, sua graça, seu amor e o paraíso, bens que afinal são todos menores que seu próprio Filho (Rm 8,32).

Também o Filho, pelo amor que nos tem, deu-se totalmente a nós (Gl 2,20): fez-se homem como nós para nos libertar da morte eterna, devolver-nos a graça e o paraíso. Faz-se pequeno e servo, assume todas as misérias que padecemos.

---

[3] Sto. Agostinho.

O mais espantoso, porém, é que podia salvar-nos sem sofrer nem morrer. Quis, porém, escolher para si uma vida de aflições e desprezos, morte amarga e vergonhosa, morrendo numa cruz, castigo infame destinado aos criminosos (Fl 2,8). Se podia salvar-nos sem sofrer, por que escolheu a morte e a morte na cruz? Para demonstrar o amor que nos tinha (Ef 5,2). Amava-nos e porque nos amava aceitou as dores e a vergonha da morte mais penosa que jamais existiu na terra.

E por isso S. Paulo, que tanto o amou, diz que somos obrigados a amar Jesus pelo amor que mostrou sofrendo por nós, mais do que pelo muito que por nós sofreu (2Cor 5,14). Diante disso só nos resta abraçar-nos a ele e com ele morrer na cruz, ardendo com ele num mesmo fogo que abrase Criador e criatura. Temos de dar-nos totalmente a ele que se deu todo a nós, prontos a sacrificar por seu amor qualquer outro amor.[4]

Se esse amor parece incompreensível, precisa lembrar que o amor procurara os melhores meios para se manifestar, pouco se preocupando com o que convém à sua própria

---

[4] S. Francisco de Sales.

dignidade. Diante de Cristo na cruz só nos resta reconhecer a grandeza de seu amor.

Se a fé não o garantisse, quem jamais poderia acreditar que um Deus onipotente, totalmente feliz e senhor de tudo, tivesse amado tanto o homem, parecendo quase que esse amor o tivesse enlouquecido? Aliás, é esse o efeito do amor divino, fazer que o amante saia totalmente de si para dar-se ao objeto amado.

Ah, se nós, olhando para Jesus Crucificado, parássemos para pensar o quanto ele amou cada um de nós! Diante desse amor, que amor não nos deveria inflamar? Certamente maior felicidade não há que sermos queimados pelo mesmo fogo que abrasa o nosso Deus, presos a ele pelas cadeias do amor. Suas feridas ferem os corações mais insensatos, inflamam as almas mais frias. Quantas setas de amor partem dessas chagas para ferir os corações mais duros!

Mas, para chegar ao perfeito amor a Jesus Cristo precisa procurar os meios necessários. E Sto. Tomás de Aquino aponta esses meios: lembrar-se continuamente dos benefícios gerais e particulares que Deus nos fez; ter sempre em mente a infinita bondade de Deus que está sempre a nos fazer o bem, amando-nos e procurando o nosso amor; evitar cuidadosamente qualquer coisa que lhe desagrade; renunciar a todos os bens sensíveis desta terra: riquezas, honras, prazeres dos sentidos.

Podemos acrescentar que um grande meio para chegar ao perfeito amor a Jesus Cristo é meditar sua Paixão. Pode alguém negar que a devoção à Paixão seja de todas a mais útil, a mais terna, a mais agradável a Deus, a que mais consola os pecadores, a que mais inflama as almas de amor? E de onde recebemos tantos bens, senão da Paixão de Jesus Cristo? Da Paixão recebemos a esperança do perdão, a fortaleza contra as tentações, a confiança de chegarmos ao paraíso. A Paixão é para nós fonte de luz que nos leva à verdade, de apelos cheios de amor, de impulsos para mudar de vida, de desejos de entregar-nos a Deus. Razão, pois, tinha o apóstolo Paulo de considerar separado do povo de Deus quem não amar Jesus (1Cor 16,22).

A meditação da Paixão de Jesus é a devoção que mais nos pode levar à santidade. Se queremos crescer no amor divino, devemos cada dia meditar na Paixão.[5] Mais vale

---

[5] S. Boaventura.

uma lágrima vertida ao contemplar a Paixão que um jejum semanal a pão e água.[6] Por isso os santos continuamente meditavam nas dores de Jesus Cristo. Foi isso que fez de S. Francisco de Assis um serafim. Estando enfermo, alguém lhe disse que se fizesse ler algum livro devoto. Sua resposta foi: Meu livro é Jesus crucificado. Se a vista de Jesus morto na cruz não nos leva a encantar-nos de Deus, jamais dele nos encantaremos.

Sentimentos e orações

Palavra eterna do Pai, para salvar-nos suportastes trinta e três anos de suores e sofrimentos, dando por nós sangue e vida. Nada poupastes para conquistar nosso amor. Como é possível que saibamos disso e mesmo assim não vos amemos? Meu Deus, vejo a injustiça que vos fiz. Jesus, tende piedade de mim. Dou-vos este meu ingrato coração; ingrato, sim, mas arrependido. Mais que tudo, meu amado Redentor, arrependo-me de vos ter desprezado. Arrependo-me e vos amo com todo o meu ser.

---

[6] Sto. Agostinho.

Tenho de amar um Deus preso como criminoso, um Deus flagelado como escravo, um Deus feito rei de comédia, um Deus morto na cruz como um malfeitor por causa de mim.

Sim, meu Salvador e meu Deus, eu vos amo. Fazei-me sempre lembrar o quanto sofrestes por mim, e assim não esquecerei de vos amar.

Meu Jesus, no inferno não vos poderia amar, mas eu vos quero amar sempre. Meu amado Salvador, salvai-me, apertai-me nos braços e não permitais que jamais vos possa perder.

Maria, mãe do meu Salvador, refúgio dos pecadores, ajudai um pecador que quer amar a Deus e a vós se recomenda. Socorrei-me, pelo amor que tendes a Jesus Cristo.

2

Jesus merece nosso amor pelo amor que nos mostrou ao instituir a Eucaristia

Sabendo o Salvador que tinha chegado a hora de deixar esta terra, antes de ir morrer por nós (Jo 13,1), como sinal mais claro de seu amor quis deixar-nos o dom do Santíssimo Sacramento. As manifestações de amor dadas no momento da morte são as que mais nos ficam na memória. Por isso os amigos, ao morrer, em memória de seu amor, querem deixar a quem amam um dom qualquer, uma roupa, um anel. Mas vós, Senhor, o que nos deixastes foi vosso corpo, vosso sangue, vossa alma, vossa divindade, vossa pessoa toda, sem nada reservar para vós.

Neste dom da Eucaristia Jesus quis mostrar toda a riqueza do seu amor por nós.[7] E o fez na mesma noite em que tramavam sua

---

[7] Concílio de Trento.

morte (1Cor 11,23-24). Não contente de dar sua vida por nós, seu amor demasiado levou--o a uma generosidade ainda maior, dar-nos como alimento seu próprio corpo.[8] Por isso, bem que esse sacramento pode ser chamado de "sacramento da caridade", "penhor de caridade", "sacramento do amor",[9] porque só o amor podia levar Jesus a nele dar-se totalmente a nós. Pode ainda ser chamado de "penhor de amor" pois, se pudéssemos duvidar de seu amor, neste amor teríamos toda a garantia necessária. É o "amor dos amores" porque em si condensa todos os outros dons que o Senhor nos fez: criação, redenção, predestinação à glória,[10] dando-nos ainda penhor do paraíso prometido.[11]

Ninguém poderia imaginar o Verbo Encarnado posto sob as espécies de pão para ser nosso alimento. Pareceria uma loucura.[12] Tanto que muitos de seus discípulos não puderam acreditar quando Jesus anunciou que nos que-

---

[8] S. Bernardino de Sena.

[9] Sto. Tomás de Aquino.

[10] S. Bernardo.

[11] Antífona do Magnificat das Segundas Vésperas de Corpus Christi.

[12] Sto. Agostinho.

ria deixar esse sacramento (Jo 6,53.51). Mas o que nós não podíamos imaginar, ou crer, foi pensado e feito pelo grande amor de Jesus.

Convida, manda, tenta convencer-nos com promessas que nos unamos a ele por esse sacramento. Mas por que deseja tanto que o recebamos na santa comunhão? Porque o amor aspira e tende sempre à união.[13] Pela eucaristia quer dar-se a cada um de nós, fazer-se um conosco, não apenas afetivamente, mas de fato e na realidade.

Também precisamos entender que nada nos pode ajudar tanto como a comunhão. O Pai entregou a Jesus todas as riquezas divinas (Jo 13,3). Por isso quando, pela comunhão, Jesus vem a nós, traz consigo todos os tesouros da graça. A Eucaristia é o mais eficiente de todos os meios espirituais de santificação.[14] Uma só comunhão é muito mais proveitosa que uma semana de jejum a pão e água.[15]

Em primeiro lugar, a comunhão é o remédio que nos livra dos pecados veniais e nos

---

[13] S. Dionísio e Sto. Tomás de Aquino.
[14] S. Dionísio.
[15] S. Vicente Ferrer.

preserva dos mortais.[16] Isso porque esse sacramento leva-nos a atos de amor que apagam os pecados veniais, e ao mesmo tempo aumenta em nós a graça que nos guarda das faltas graves.[17]

E mais: esse sacramento inflama-nos do amor divino. Deus é amor (Jo 4,8), é fogo que consome em nossos corações todos os afetos terrenos. Esse o fogo que o Filho de Deus veio acender na terra. Por isso mesmo não deve afastar-se da comunhão frequente quem se sente frio e sem amor. Como dizia S. Francisco de Sales, os perfeitos devem comungar para conservar-se na perfeição; os imperfeitos, para chegar à perfeição. Mas, para comungar frequentemente, é preciso ter um grande desejo de santificar-se e de crescer no amor a Cristo.

Sentimentos e orações

Deus de amor, amante infinito, merecedor de infinito amor, que mais poderíeis inventar para que vos amássemos? Não vos

---

[16] Concílio de Trento.
[17] Sto. Tomás de Aquino.

bastou fazer-vos homem, sofrendo tantas de nossas misérias. Não vos bastou dar por nós todo o vosso sangue no meio de tormentos, morrendo de dores num castigo reservado aos piores criminosos. Acabastes ocultando-vos sob as espécies de pão para ser nosso alimento, unindo-vos assim a cada um de nós.

Dizei-me, que mais poderíeis inventar para vos fazer amar? Pobres de nós se nesta vida não vos amamos. Grande será na eternidade nosso remorso por vos não ter amado.

Jesus, não quero morrer sem vos ter amado e amado muito.

Sinto muito por vos ter dado tanto desgosto; estou imensamente arrependido.

Agora vos amo acima de tudo, mais do que a mim mesmo. Consagro a vós todos os meus afetos. Uma vez que me dais esse desejo, dai-me também a força de o realizar.

Jesus, de vós não quero a não ser vós mesmo. Agora que me atraístes ao vosso amor, deixo tudo, renuncio a tudo e abraço-me a vós. Sois o bastante para mim.

Mãe de Deus, Maria, pedi a Jesus para eu ser santo. Acrescentai um milagre a tantos outros que já fizestes transformando pecadores em santos.

3

Temos de confiar no amor comprovado de Jesus e em tudo o que fez por nós

O rei Davi punha no Redentor futuro toda a sua esperança de salvação. Quanto mais devemos nós colocar toda a nossa confiança em Jesus que já veio e realizou a obra da redenção. Com muito mais razão devemos dizer: "Nas tuas mãos, Senhor, entrego meu espírito; tu me resgatas, Deus fiel" (Sl 30,6).

Por causa das ofensas que fizemos a Deus temos, sim, muita razão de temer a morte eterna. Mas temos muito mais razões para esperar a vida eterna por causa dos méritos de Jesus, infinitamente mais capazes de nos salvar. Tão logo pecamos, fomos condenados à morte eterna. Mas o Cristo, com seu sangue, cancelou o decreto de nossa condenação, e afixou-o na cruz. Assim, vendo a sentença de nossa condenação pelos pecados cometidos, vemos ao mesmo tempo a cruz em que Jesus, morrendo, a cancelou pelo seu sangue. Com isso podemos recuperar a esperança do perdão e da salvação eterna (Cl 2,14). Contra nós gritam nossas iniquidades, mas a nosso favor temos o sangue do Redentor.

É verdade que, diante do eterno Juiz, teremos de prestar contas rigorosas de todos os nossos pecados. Mas, tenhamos confiança, nosso juiz será nosso próprio Redentor (Jo 5,22). Ele que, para não nos condenar à morte eterna, quis ser condenado e morrer (Rm 8,34), e ainda agora intercede por nós junto ao Pai.

Apesar de nossa fraqueza, podemos enfrentar corajosamente o combate contra o mal que nos ameaça. Basta olhar para Jesus crucificado que nos oferece ajuda, vitória e recompensa. No passado caímos porque não olhamos para ele nem pedimos seu socorro. Para o futuro, vamos ter sempre diante dos olhos o quanto ele sofreu por nós. Vamos lembrar sempre que está pronto a nos ajudar, e que a ele recorrendo jamais seremos vencidos pelo inimigo. Sem essa confiança, porém, de nada valem todos os nossos esforços.

Temos dois grandes mistérios de esperança e de amor: a Paixão de Jesus e o Sacramento do altar! Se a fé não nos garantisse esses mistérios, quem jamais poderia acreditar neles? Um Deus onipotente querer fazer-se homem, derramar seu sangue, morrer de dor numa cruz pelos nossos pecados. E, para unir-se a nós, dar-nos como alimento esse mesmo corpo um dia sacrificado. Esses dois mistérios deveriam inflamar todos os corações. Por maiores pecadores que sejamos, não podemos desesperar do perdão vendo um Deus tão apaixonado por nós e tão pronto a nos fazer o bem.

Paulo convida-nos a procurar o trono da graça e da misericórdia (Hb 4,16). O trono da graça é a cruz de Jesus, onde ele está sempre disposto a conceder graças e perdão a quem a ele recorre. Mas temos de recorrer agora, quando ainda podemos encontrar ajuda. Talvez depois não haja oportunidade. Vamos logo, e vamos confiados. Não vamos desanimar por causa de nossas misérias. Em Jesus crucificado encontraremos toda a riqueza da graça (1Cor 1,5-7). E o dom da redenção foi maior do que o pecado: a graça superou o crime (Rm 5,15.20).

Por isso o Salvador diz que devemos esperar tudo de seus méritos, todas as graças. E ensinou como podemos obter do Pai tudo que desejamos (Jo16,25): "Em meu nome peçam ao Pai tudo quanto quiserem; prometo que serão atendidos". E como o Pai poderia negar-nos alguma graça, se nos deu o Filho único, que ama como a si mesmo, e com ele nos deu tudo (Rm 8,32)? Tudo mesmo: perdão, perseverança, capacidade de amá-lo, perfeição, paraíso. Mas é preciso pedir-lhe.

Jesus é nosso medianeiro junto ao Pai. Entre ele e nós existe uma estreita união, que só pode ser rompida pelo pecado. Por decisão divina, estamos tão estreitamente unidos a Jesus em uma só unidade que ele e nós ou somos amados ao mesmo tempo, ou ao mesmo tempo odiados. Mas como Jesus não pode ser odiado, unidos a ele necessariamente seremos amados.[18]

Nada nos pode aterrorizar quando Jesus mesmo é nossa garantia: nem pecados cometidos, nem temores diante do futuro, nem laços do demônio. Não podemos duvidar quan-

---

[18] S. João de Ávila.

do vemos quanto somos valorizados por um Deus que se entregou por nós. Mesmo cercados de tribulações e tempestades, continuamos confiando. Jesus é nosso advogado, que assumiu como sua a nossa causa. Não nos remiu para depois nos abandonar. O Pai eterno que nos deu seu Filho haverá de nos dar tudo o mais, pois tudo é muito menos que seu Filho. Não podemos imaginar que Jesus se tenha esquecido de nós, ele que, para não esquecermos seu amor, deixou-nos a maior garantia possível, ele mesmo no Sacramento do altar.[19]

Sentimentos e orações

Meu Jesus, meu amor, que belas esperanças me dá vossa Paixão. Se um Deus onipotente deu por mim todo o seu sangue, como posso ter medo de não receber o perdão de meus pecados, o paraíso e todas as graças que preciso?

Amo-vos e, porque vos amo, mais que de tudo me arrependo de vos ter ofendido. Pobre de mim que, para não perder uma bre-

---

[19] O mesmo.

ve satisfação, tantas vezes vos perdi, a vós, bem infinito. Esse pensamento é meu maior tormento. Consola-me apenas saber que estou diante de uma bondade infinita, que não sabe desprezar um coração que a ama. Pudesse eu morrer por vós que por mim morrestes.

Meu Redentor, com certeza espero de vós salvação eterna na outra vida, e nesta a perseverança no vosso amor. Perseverança que vos quero pedir sempre. Pelos méritos de vossa morte dai-me sempre a perseverança em vos pedir.

Maria, minha rainha, a perseverança é que vos peço e obter espero através de vós.

4

Quanto devemos amar Jesus Cristo

Pelo simples fato de ser Deus, Jesus merece todo o nosso amor. Ele, porém, mostrou-nos um amor tão grande que, podemos dizer, obriga-nos a amá-lo ao menos por gratidão por tudo quanto fez e sofreu por nós. Amou-nos muito para ser muito amado por nós. Por isso o primeiro mandamento que nos deu foi que o amemos de todo o coração (Dt 6,5). Como diz Paulo, quem ama cumpre toda a lei (Rm 13,10).

Mas, quem poderá resistir e não amar a um Deus crucificado, que morre por amor de nós? Espinhos, cravos, cruz, chagas, sangue gritam exigindo que amemos quem tanto nos amou. Não basta apenas um coração para amar esse Deus que se enamorou de nós. Para compensar o amor de Jesus seria preciso que um outro Deus morresse por seu amor.

Muito agrada a Jesus que nos lembremos frequentemente de sua Paixão. Se alguém, por amor de um amigo, sofreu injúrias, golpes e prisão, muito haveria de sentir ao saber que o amigo nem se lembra, nem quer ouvir falar disso. Pelo contrário, como se sente contente ao saber que o amigo sempre fala dele com ternura e cheio de gratidão. Do mesmo modo Jesus muito se alegra se nos recordamos amorosamente de suas dores e da morte que sofreu por nós.

Jesus foi desejado por todos os patriarcas, foi esperado pelos povos antes ainda de vir a esta terra. Muito mais deve ser nosso único desejo e nosso único amor agora que já veio, e sabemos quanto fez e sofreu por nós, a ponto de morrer crucificado por nosso amor.

Para isso instituiu o sacramento da Eucaristia na véspera de sua morte, recomendando que nos lembremos de sua morte sempre que nos alimentamos. Com isso vemos o quanto agradam a Jesus os que muitas vezes meditam em sua Paixão. Podemos chamar o Calvário de "monte dos que amam",[20] pois

---

[20] S. Francisco de Sales.

não é possível lembrar-se daquele monte e não amar Jesus que ali quis morrer por nosso amor.

Meu Deus, por que não amamos esse Deus que tanto fez para ser amado por nós? Antes da Encarnação do Verbo, poderíamos duvidar que Deus de fato nos amasse. Mas, depois da vinda do Filho de Deus, depois que morreu por nosso amor, não podemos ainda ter dúvidas.

Neste grande mistério da Redenção humana precisa considerar o quanto Jesus pensou e procurou maneiras para se fazer amar por nós. Se queria morrer para salvar-nos, bastava que morresse com as crianças mortas por Herodes. Mas não. Antes de morrer quis, durante trinta e três anos, levar uma vida cheia de sofrimentos e penas querendo, para levar-nos a amá-lo, mostrar-se a nós de várias maneiras. Primeiro mostrou-se como pobre menino nascido num estábulo; depois como adolescente numa carpintaria; agonizante no horto, banhado em suor e sangue; rasgado pelos açoites no pretório de Pilatos; tratado como rei de comédia, com uma vara nas mãos, um farrapo vermelho sobre os ombros, coroa de espinhos na cabeça; arrastado pelas ruas com uma cruz às costas; finalmente sobre o Calvário como réu condenado, cravado à cruz por três cravos de ferro. Merece ou não ser amado um Deus que quis sofrer tanto e de tantos modos procurou cativar nosso amor?

O amor é algo de grande[21] e de precioso. A caridade é a primeira de todas as virtudes, a que traz consigo todas as outras e faz que todas mais estreitamente nos unam a Deus.[22] Mesmo sendo verdade que propriamente é a caridade que a ele nos une.[23] Aliás, mais vezes encontramos na Bíblia que Deus ama quem o ama (Jo 4,16; 14,23).

É o amor que nos dá força para suportar grandes coisas por Deus. Quem ama ou não sente o esforço, ou ama o próprio esforço.[24] Sempre lhe parece pouco tudo que faz, por maiores coisas que faça. Mostrando-lhe o amor o que Deus merece, vê todas as falhas das obras que faz, envergonha-se e sofre porque nada faz que seja digno de um Senhor tão grande.[25]

---

[21] S. Bernardo.
[22] Sto. Tomás de Aquino.
[23] S. Bernardo.
[24] Sto. Agostinho.
[25] S. João Crisóstomo.

Muito se engana quem põe a santidade em algo que não seja o amor a Deus. Alguns imaginam que a perfeição esteja na austeridade, ou nas esmolas, ou na oração, ou na frequência aos sacramentos. Eu pessoalmente não conheço nenhuma outra perfeição que não seja a de amar a Deus de todo o coração. Sem o amor, as outras virtudes não valem nada. Se ainda não experimentamos esse santo amor, a culpa é nossa, que não nos damos totalmente a Deus.[26]

A única coisa importante é agradar a Deus. Que bom se todos compreendessem essa verdade. Não precisamos ser ricos, nem ter a consideração dos outros; não precisamos levar uma vida cômoda, nem ocupar altos cargos, nem ter fama de instruídos. A única coisa necessária é amar a Deus e fazer sua vontade. Para isso ele nos criou, para isso nos conserva vivos, e somente assim poderemos chegar ao paraíso. Caminhamos rapidamente para a perfeição se em tudo temos em vista apenas Jesus Crucificado, se a única coisa que nos importa é sermos agradáveis a ele.

---

[26] S. Francisco de Sales.

Portanto, todo o nosso esforço deve ser chegarmos ao verdadeiro amor a Jesus Cristo.

Os mestres espirituais descrevem os sinais do verdadeiro amor. O amor, dizem, é *cheio de temor*, do temor de dar qualquer desgosto a Deus. É *generoso*, porque, confiando em Deus, não tem medo de empreender grandes coisas para sua glória. É *forte*, vence todas as más inclinações, mesmo no meio das mais violentas tentações ou das desolações mais tenebrosas. É *obediente*, procura cumprir imediatamente a vontade de Deus. É *puro*, amando somente a Deus e simplesmente porque merece ser amado. É *ardente* e gostaria de inflamar a todos para vê-los consumidos pelo amor divino. É *inebriante* porque faz a alma como que viver fora de si, nada vendo nem sentindo, sem nada perceber das coisas da terra, querendo apenas amar a Deus. É *unitivo*, unindo estreitamente a vontade das criaturas com a vontade do Criador. É *ansioso*, porque enche as pessoas do desejo de deixar esta terra para voar e unir-se perfeitamente com Deus na pátria feliz, para amá-lo com todo o coração.

Ninguém melhor que S. Paulo ensina-nos quais são as características do verdadeiro amor e como o devemos viver.

Na sua primeira Epístola aos Coríntios, capítulo 13, ele diz que sem o amor nada somos e de nada adianta o que fizermos. Ainda que a nossa fé fosse grande a ponto de poder mover montanhas, não valemos nada se não tivermos amor. Se déssemos aos pobres todos os nossos bens, se sofrêssemos voluntariamente o martírio, isso de nada nos valeria se não fosse feito por amor, para agradar a Deus.

S. Paulo depois nos aponta as características do verdadeiro amor, ensinando-nos também a prática das virtudes que dele nascem: *"O amor é paciente; o amor é prestativo. O amor é sem inveja; não se vangloria, não se incha de orgulho. O amor não age com baixeza, não é interesseiro; não se irrita, nem guarda rancor. O amor não se alegra com a injustiça, mas fica feliz com a verdade. O amor tudo desculpa, tudo crê, tudo espera, tudo suporta"* (1Cor 13,4-7).

Neste livro é sobre isso que iremos meditar, para ver se em nós reina de fato o amor que devemos ter por Jesus, e aprender as virtudes que devemos desenvolver em nós para conservar e aumentar esse santo amor.

Sentimentos e orações

Coração de Jesus, muito amável e que muito nos ama, infeliz o coração que não vos ama. Morrestes na cruz por nosso amor, abandonado sem nenhum consolo. Como podemos viver tão esquecidos de vós?

Como é grande o amor de Deus. Como é grande a nossa ingratidão. Olho para vós, cordeiro inocente de Deus, agonizante sobre essa cruz, a morrer para me salvar e conquistar o meu amor.

Meu Jesus, como são poucos os que vos amam. Pobre de mim, que por tantos anos vivi sem me lembrar de vós. Por isso tanto vos ofendi. Meu querido Redentor, o que me aflige não é tanto o castigo merecido, quanto o amor que tivestes por mim.

Que as vossas dores, que as ofensas que suportastes, que as vossas chagas e a vossa morte estejam sempre em meu coração, para que me lembre sempre de vós e vos ame muito.

Meu Jesus, eu vos amo. Reconheço que sois todo o meu bem, meu tudo. Eu vos amo e quero amar-vos sempre.

Não permitais que vos abandone e vos perca de novo.

Fazei que vos pertença totalmente; fazei--o pelos méritos de vossa morte, na qual deposito toda a minha confiança.

Como também, Maria, muito confio na vossa intercessão. Minha rainha, fazei que eu ame Jesus, e fazei que também vos ame, minha mãe e minha esperança.

5

O amor é paciente

Quem ama Jesus suporta o sofrimento

Esta terra é lugar de méritos e, por isso mesmo, é lugar de sofrimentos. Nossa pátria, onde Deus preparou nosso descanso na alegria eterna, é o paraíso. Neste mundo estaremos por pouco tempo. Mas, nesse pouco tempo, muitos são os trabalhos que devemos suportar. Justos ou pecadores, todos têm de sofrer e carregar sua cruz. Quem a leva com paciência, salva-se; quem a leva com impaciência, perde-se. As mesmas misérias levam alguns ao paraíso e outros ao inferno.[27] O sofrimento é a prova que, na Igreja de Deus, separa a palha do grão. Quem nas provações

---

[27] Sto. Agostinho.

se humilha e se submete à vontade divina, é trigo para o paraíso; quem se deixa dominar pelo orgulho e pela ira, e por isso deixa a Deus, é palha para o inferno.[28]

No dia em que será julgado o processo de nossa salvação, teremos a boa sentença dos predestinados se a nossa vida for julgada conforme à de Jesus. Para isso o Verbo Eterno desceu à terra, para ensinar-nos com seu exemplo a carregar pacientemente as cruzes que encontramos. Jesus quis sofrer para dar-nos coragem de sofrer. Tanto que sua vida foi cheia de desprezos e sofrimentos.

Como tratou seu Filho amado, assim Deus trata também aquele que ele ama e acolhe como filho. Quanto mais Deus nos ama, mais sofrimentos teremos de suportar. E a demonstração de nosso amor a Deus está em, de bom grado, sofrermos tudo por seu amor. Por isso é que Sta. Teresa, quando se via em sofrimentos, dizia que não os trocaria por nenhum tesouro do mundo.

Quem sofrendo ama a Deus, terá dupla recompensa no paraíso. Uma pessoa ou co-

---

[28] Sto. Agostinho.

munidade está perto de cair se não tem de enfrentar sofrimentos, e se é aplaudida por todos.[29]

Nada agrada tanto a Deus como ver que, com paciência e paz, vamos carregando as cruzes que ele nos manda. O amor faz quem ama ser semelhante ao amado. Quem ama Jesus quer ver-se tratado como Jesus, pobre, dilacerado, desprezado. O mérito de quem ama Jesus está no amar e no sofrer. Quem é mais amado por Deus, dele recebe maiores trabalhos. E, para consolo nosso, podemos saber que Deus nunca manda algum trabalho sem o pagar imediatamente com algum favor.[30]

Deus costuma fazer três favores aos que ama: o primeiro, é o de não pecar; o segundo, maior, o de fazer boas obras; o terceiro, maior de todos, o de sofrer por seu amor. Por isso, quando fazemos algo de bom por Deus, imediatamente ele nos paga com algum trabalho.[31] Quando São Francisco de Assis passava um dia sem ter nenhum sofrimento por seu Deus, temia que o Pai celeste o tivesse esquecido.

---

[29] S. Vicente de Paulo.
[30] Sta. Teresa de Jesus.
[31] Sta. Teresa de Jesus.

Seria um grande lucro sofrer toda a vida tudo que sofreram os santos mártires para gozarmos um só momento do paraíso. Quanto mais devemos aceitar nossas cruzes, sabendo que os sofrimentos desta breve vida nos farão ganhar uma felicidade eterna.

Não existe prêmio sem mérito, nem existe mérito sem paciência. Quem combate com maior paciência, terá coroa maior. Quando se trata de bens temporais, os mundanos procuram conseguir o máximo que podem. Mas quando se trata dos bens eternos, dizem: "Basta-nos um canto qualquer no paraíso!" Com os santos é diferente. Nesta vida contentam-se com qualquer coisa e até abandonam os bens terrenos; mas os bens eternos, desses eles procuram ganhar o máximo possível. Quem deles está agindo de forma mais sábia e mais prudente?

Mesmo, porém, falando desta vida, é certo que vive com maior paz quem sofre com mais paciência. Nesta vida não existe purgatório; os que suportam com paciência as tribulações vivem no paraíso; os outros vivem no inferno.[32] Nem sentimos as cruzes que acei-

---

[32] S. Filipe Neri.

tamos.[33] Não se pode encontrar a paz numa vida desregrada, mas apenas vivendo em união com Deus e com sua santa vontade. Nas coisas boas e doces da vida podemos estar sendo levados por um apego menos bom, o que sempre nos pode deixar algum remorso. As coisas amargas e difíceis, porém, aceitas pacientemente das mãos de Deus, tornam-se suaves e agradáveis para quem ama o Senhor.

É certo que neste vale de lágrimas, em consequência do pecado, os sofrimentos são inevitáveis. Não podemos ter paz de coração a não ser que, para agradar a Deus, os suportemos e aceitemos com amor. A situação dos santos nesta terra é sofrer amando; no céu, gozar amando.

Não é o sofrer, mas o querer sofrer por amor que mostra mais claramente nosso amor a Jesus. Para segui-lo não basta carregar a cruz (Lc 9,23), talvez à força ou de má vontade. Precisa carregá-la com humildade, paciência e amor. Um "bendito seja Deus", nas dificuldades, vale muito mais que mil agradecimentos quando tudo vai bem.[34]

---

[33] Sta. Teresa de Jesus.
[34] S. João de Ávila.

O objetivo de quem ama a Deus é unir-se totalmente a ele. Mas para chegar a isso precisamos das dificuldades: elas são usadas por Deus para nos purificar das más inclinações; enquanto as dificuldades não nos forem suaves, jamais chegaremos à união com Deus. [35]

Se Deus aceita nossas mortificações voluntárias, muito mais lhe agrada que aceitemos com paciência, coragem e alegria as cruzes que nos manda. Se de fato, por amor, aceitamos a vontade de Deus, nenhuma dificuldade nos parecerá pesada demais. Por mais que Deus custe, jamais é caro.[36]

Peçamos que o Senhor nos faça capazes de o amar. Se o amarmos perfeitamente, veremos todos os bens da terra como fumaça e lodo, encontrando alegria nas humilhações e nos sofrimentos. Se amamos o Senhor, em tudo o haveremos de procurar, e nada mais nos importa.[37]

---

[35] Sta. Catarina de Gênova.
[36] P. Ippolito Durazzo.
[37] S. João Crisóstomo.

Sentimentos e orações

Meu caro e amado Jesus, meu tesouro, muito vos ofendi e por isso não mereço poder amar-vos. Mas eu vos peço, pelos vossos méritos, dai-me vosso puro amor. Eu vos amo mais que tudo. Arrependo-me de no passado vos ter abandonado, expulsando-vos de minha vida. Agora, porém, eu vos amo mais que a mim mesmo, com todo o coração. Sois meu bem infinito e nada mais desejo que vos amar totalmente. De nada mais tenho medo, senão de ficar sem vosso santo amor.

Meu Redentor, apaixonado por mim, fazei-me reconhecer o imenso bem que sois, e o amor com que me amastes para obrigar-me a vos amar.

Não permitais, meu Deus, que eu continue ingrato a tanta bondade vossa. Chega, não mais vos quero abandonar. Os anos que me restam de vida quero gastá-los todos a vos amar e a vos agradar. Me Jesus, meu amor, socorrei-me; socorrei um pecador que vos quer amar e ser totalmente vosso.

Maria, minha esperança, vosso filho Jesus vos escuta. Suplicai-lhe e consegui para mim a graça de o amar perfeitamente.

6

O amor é bondoso

Quem ama Jesus ama a bondade

O espírito de bondade é próprio de Deus. Quem ama a Deus, ama todos os que são amados por Deus, ou seja, todas as pessoas. Por isso está sempre pronto, procurando ajudar a todos, consolar a todos, contentar a todos, até onde lhe for possível. O que podemos fazer com amor, devemos fazê-lo; o que não podemos fazer sem entrar em choque, devemos deixar,[38] sempre que o possamos, sem ofender a Deus.

Devemos ter essa bondade principalmente com os pobres, que geralmente, por serem pobres, são tratados por todos com rudeza. Também com os enfermos que, as mais das

---

[38] S. Francisco de Sales.

vezes, não recebem os cuidados necessários. Particularmente devemos ter bondade com os inimigos. Temos de vencer o ódio com o amor, as perseguições com a bondade. Assim fizeram os santos, conquistando o afeto de seus mais obstinados inimigos.

Nada edifica tanto o próximo como a bondade no trato.[39] Por isso é tão importante ter sempre um sorriso nos lábios, rosto bondoso, palavras e gestos afáveis. Essa bondade precisa transparecer mesmo quando negamos alguma coisa que não seja permitido conceder. E com todos; com superiores, iguais ou inferiores, em casa e fora.

Mesmo ao repreender temos de mostrar bondade. Às vezes é preciso repreender com firmeza; mas jamais o devemos fazer com aspereza e ira. A repreensão feita com raiva mais prejudica do que ajuda. Sta. Joana de Chantal dizia: "Experimentei todas as formas de governo e descobri que a conduta bondosa e paciente é a melhor". A bondade precisa sempre transparecer e muitas vezes é preciso deixar a repreensão para depois, para não atiçar ainda mais o fogo. Temos de olhar para o

---

[39] S. Francisco de Sales.

exemplo da bondade de Jesus diante da aldeia que não o quis receber (Lc 9,55), com a adúltera (Jo 8,10), com Judas traidor (Lc 22,48), com Pedro (Lc 22,61).

Temos de ser bons com todos, sempre, em todas as ocasiões. E não apenas quando tudo vai a nosso gosto. Se amamos a Deus, haveremos de guardar sempre a paz no coração, e deixar que transpareça também em nosso rosto, mantendo sempre a mesma postura nas boas e nas más situações. Aliás, nas situações desfavoráveis é que se conhece o espírito de alguém.

Se temos de responder a alguém que nos trata mal, estejamos atentos a responder sempre com bondade; uma resposta suave basta para apagar qualquer cólera. E se estamos muito perturbados, o melhor é calar, para que depois não tenhamos de nos arrepender.

Mesmo conosco temos de mostrar bondade quando cometemos alguma falta. Irar-nos conosco mesmos por causa de uma falta, isso não é humildade, mas refinada soberba, como se não fôssemos os fracos e miseráveis que somos. Essa ira é muito pior que a falta cometida. Ela poderá levar-nos a outros defeitos, a deixar a oração e a comunhão, ou pelo menos a não fazê-las tão bem. Nessas águas turvas já não vemos bem as coisas, e quem pesca é o demônio.[40]

Quando estamos perturbados não vemos bem a Deus nem o que devemos fazer. Quando, então, caímos em alguma falta, temos de nos voltar para Deus com humildade e confiança, procurando seu perdão, e dizendo: Senhor, assim sou eu.[41] Eu vos amo de todo o coração e arrependo-me de vos ter dado esse desgosto. Não o quero fazer de novo; dai-me a vossa ajuda.

Sentimentos e orações

Meu Jesus, eu vos amo. Sois o tesouro e a vida de minha alma. Agarro-me a vós e me dou totalmente a vós. Amado Senhor, não quero jamais deixar de vos amar.

Para me salvar quisestes ser acorrentado como criminoso, levado à morte pelas ruas, cravado na cruz, que não deixastes senão depois de ali ter deixado a

---

[40] S. Luís Gonzaga.
[41] Sta. Catarina de Gênova.

vida. Pelo mérito de tantas penas, não permitais que de vós me separe.

Arrependo-me de no passado vos ter abandonado. Com vossa graça quero antes morrer que vos dar um desgosto, leve ou grave que seja.

Meu Jesus, entrego-me a vós. Eu vos amo de todo o coração, eu vos amo mais que a mim mesmo. No passado eu vos ofendi, mas agora me arrependo e gostaria de morrer de dor. Atraí-me totalmente para vós. Renuncio a todas as consolações sensíveis, somente a vós eu quero e nada mais. Fazei que vos ame e fazei de mim o que quiserdes.

Maria, minha esperança, prendei-me a Jesus. Fazei que eu viva sempre unido a ele, e unido a ele morra para chegar um dia ao reino feliz, onde não precisarei temer ficar separado de seu santo amor.

7

O amor é sem inveja

Quem ama Jesus não inveja os grandes do mundo, mas apenas aqueles que mais amam Jesus

Quem ama Jesus não tem inveja das grandezas terrenas, porque não as deseja nem valoriza. Há dois tipos de inveja ou emulação: uma santa, outra má. A inveja má leva-nos à tristeza ao ver os bens terrenos que outros possuem. Inveja santa é a que toma conta de nós quando vemos alguém que ama a Deus mais do que nós; mas isso não nos entristece, mas leva-nos a querer amá-lo, se possível, mais que os próprios serafins.

Amar a Deus é, nesta terra, o único objetivo de santos e santas, o que acaba apaixonando e ferindo de amor o coração do próprio Deus.

É bom lembrar que não basta fazer boas obras; é preciso fazê-las bem, isto é, com a única finalidade de agradar a Deus. Somente assim nossas boas obras serão também perfeitas. Como é difícil, porém, encontrar uma ação feita somente por causa de Deus! Lembro-me de um santo religioso, avançado em anos, que muito tinha trabalhado por Deus e morreu com fama de santidade. Pois bem, ele um dia, olhando para sua vida, disse-me triste e amedrontado: "Pobre de mim; olhando todas as obras de minha vida, não encontro nenhuma feita somente por causa de Deus". Maldito amor por nós mesmos que nos faz perder todos ou quase todos os frutos de nossas boas ações. Muitos, nas mais santas ocupações como pregadores, confessores ou missionários, matam-se de trabalhar sem nenhum ou quase nenhum proveito, porque não têm em vista somente a Deus, mas também a fama, o interesse, a vaidade de aparecer, ou ao menos suas próprias inclinações.

Como diz o Senhor, se fazemos o bem para sermos vistos, não teremos recompensa (Mt 6,1). Quem trabalha para satisfazer suas inclinações, também já recebeu seu prêmio (Mt 6,5). Recompensa que é apenas um pouco de fumaça, ou uma satisfação passageira, que nada deixa de proveito na alma. Por isso, muito se inquieta quem depois de muito trabalho não consegue o que queria. Sinal que não tinha como objetivo apenas a glória de Deus. Mas, quem procura apenas a glória de Deus, fica tranquilo mesmo que a tentativa não tenha bom resultado. Agindo com boa intenção, alcança sempre seu objetivo que é dar gosto a Deus.

Aqui estão sinais que mostram se de fato procuramos somente a Deus em nossos esforços espirituais:

1º - Se não perdemos a paz quando não atingimos nosso objetivo. Se Deus não o quer, nem nós o queremos.

2º - Se nos alegramos com o bem feito por outros, como se nós o tivéssemos feito.

3º - Se não desejamos uma função mais que outra, mas aceitamos de boa vontade o que quer a obediência aos superiores.

4º - Se depois de agir não procuramos nem os agradecimentos nem a aprovação dos outros.

Basta-nos ter dado gosto a Deus e não perdemos a paz, mesmo que outros comentem e desaprovem o que fizemos. Se por acaso nos louvam, não nos envaidecemos, mas dizemos à vanglória que nos quer seduzir: "Vá embora, chegou tarde; tudo que fiz foi por Deus".[42]

Nisso consiste o "alegrar-se com o patrão", usufruir do gozo do próprio Deus como foi prometido aos servos fiéis (Mt 25,23). Se, por felicidade nossa, conseguimos fazer alguma coisa que agrada a Deus, que mais andamos a procurar?[43] A maior recompensa, a maior felicidade de uma criatura é agradar a seu Criador.

Isso espera Jesus de nosso amor, que tudo façamos por seu amor, de modo que Deus seja sempre o único objetivo de todos os nossos pensamentos e de todas as nossas ações. Se queremos viver a santidade, nosso único desejo deve ser dar gosto a Deus.[44] Não há preço que pague qualquer coisa, por menor que seja, feita por Deus.[45] Sim, porque todas as coisas que se fazem para agradar a Deus são atos de amor que a ele nos unem e nos conseguem os bens eternos.

---

[42] S. João de Ávila.
[43] S. João Crisóstomo.
[44] Sta. Teresa de Jesus.
[45] Ven. Beatriz da Encarnação.

Podemos dizer que a pureza de intenção é uma alquimia celeste, que transforma o ferro em ouro. Isto é, as ações mais triviais, como trabalhar, alimentar-se, distrair-se, repousar, quando feitas por Deus, transformam-se em ouro de santo amor. Conta-se que um santo eremita costumava parar um pouco e olhar para o céu antes de fazer qualquer coisa. A quem lhe perguntava por que fazia isso, respondeu: "Procuro mirar o alvo". Assim devemos fazer também nós. Aliás, antes de continuar qualquer obra começada, seria bom, de vez em quando, renovar nossa intenção de agradar a Deus.

Quem ao agir não olha senão para a vontade de Deus, esse tem aquela santa liberdade de espírito dos filhos de Deus. Essa liberdade faz que aceitem qualquer coisa que agrada a Jesus, apesar de qualquer repugnância do amor próprio ou das convenções humanas. O amor a Jesus dá aos que o amam uma total indiferença; para eles tudo é igual, o doce ou o amargo; nada querem daquilo que lhes agrada, e querem tudo quanto agrada a Deus. Com a mesma paz entregam-se às grandes coisas ou às pequenas, sejam agradáveis ou desagradáveis. Basta-lhes estar dando gosto a Deus.

Muitos, pelo contrário, querem servir a Deus, mas que seja naquela ocupação, naquele lugar, com aqueles companheiros, naquelas circunstâncias. Caso contrário, ou deixam a obra ou a fazem de má vontade. Esses não têm a liberdade de espírito. São escravos do amor próprio, e por isso pouco mérito eles têm pelas coisas que fazem. Vivem inquietos, e pesa-lhes o jugo de Cristo. Os que de fato amam a Jesus gostam de fazer apenas o que agrada a Jesus, e porque agrada a Jesus, tanto faz se honrados pelo mundo ou desprezados. Isso é amar Jesus com puro amor. Isso devemos procurar a todo o custo, lutando contra os apetites do amor próprio, que gostaria de nos ver ocupados em obras grandiosas e merecedoras de honras, bem de acordo com nossas inclinações.

Precisamos estar desapegados de tudo, até dos exercícios de piedade, sempre que o Senhor nos quer ocupados em outras obras de seu agrado. Um dia o Pe. Alvarez estava muito ocupado. Queria acabar logo o que estava fazendo, para ir fazer oração e estar com Deus. Disse-lhe, então, o Senhor: "Ainda que você não esteja comigo, basta que me esteja servindo". Isso vale para aquelas pessoas que às vezes se inquietam porque a obediência, ou a caridade, as obriga a deixar as devoções costumeiras. Saibam que essa inquietação não vem de Deus, mas do demônio ou de seu amor próprio. Dê-se gosto a Deus e morra-se. Esse é o máximo princípio dos santos.

Afetos e orações

Meu eterno Deus, eu vos ofereço todo o meu coração. Mas, Senhor, que é esse coração que vos ofereço? Um coração criado, é verdade, para vos amar, mas que tantas vezes se revoltou não vos querendo amar. Olhai, porém, Jesus meu, que este coração, se no passado vos foi rebelde, agora se arrepende do desgosto que vos deu.

Sim, meu Redentor, arrependo-me de vos ter desprezado, e estou decidido a vos amar e a vos obedecer a todo o custo. Atraí-me todo ao vosso amor, pelo amor que me tivestes morrendo na cruz por mim.

Amo-vos, Jesus, amo-vos com toda a minha alma, amo-vos mais que a mim, a vós que mais que todos me amais, tendo por meu amor sacrificado a vida.

Entristeço-me vendo minha ingratidão. Pobre de mim que já me perdera. Espero, porém, que pela vossa graça me tenhais restituído a vida. Esta será a minha vida, amar-vos sempre, meu sumo bem.

Fazei que vos ame, amor infinito, e nada mais vos peço.

Maria, minha mãe, aceitai-me ao vosso serviço e consegui que também vosso filho me aceite.

8

O amor não se vangloria

Quem ama Jesus foge da tibieza e ama a perfeição

E para chegar à perfeição estes são os meios: o desejo, a decisão, a oração mental, a comunhão, a prece.

A caridade, dedicando-se cada vez mais unicamente ao amor a Deus, nada irá aceitar que não seja correto e santo.[46] O próprio Paulo já o dissera muito bem ao afirmar que a caridade é na alma o nexo entre as virtudes mais perfeitas: "E, acima de tudo, a caridade que dá unidade à perfeição" (Cl 3,14). Porque a caridade ama a perfeição, odeia a tibieza com a qual alguns servem a Deus, correndo gran-

---

[46] S. Gregório Magno.

de risco de perder a caridade, a graça divina, a alma e tudo o mais.

É bom saber que há duas espécies de tibieza, uma inevitável e a outra evitável. A tibieza inevitável é aquela da qual não escapam nem os santos; é a que nos leva a tantos defeitos cometidos por mera fragilidade natural, sem que os queiramos plenamente. São as distrações na oração, as perturbações interiores, as palavras inúteis, a curiosidade vã, os desejos de aparecer, o gosto no comer e no beber, os movimentos de concupiscência não reprimidos prontamente e coisas semelhantes. Na medida do possível, devemos evitar esses defeitos, mas, devido à fragilidade de nossa natureza marcada pelo pecado, é impossível evitá-los todos. Quando cometidos, devemos detestá-los porque desagradam a Deus. Mas, como o dissemos no capítulo anterior, não devemos permitir que nos perturbem. Essas ideias não vêm de Deus, que só nos dá a paz, mas do demônio, do amor próprio ou da nossa exagerada autoestima.[47] Os defeitos não deliberados, que são cometidos involuntariamente, são perdoados do mesmo modo: basta um ato de arrependimento ou de

---

[47] S. Francisco de Sales.

amor. Um ato fervoroso de amor a Deus destrói todos os defeitos que possamos ter. O mesmo efeito tem a comunhão eucarística que, segundo o Concílio de Trento, é o antídoto que nos livra das culpas cotidianas.

Afinal, esses defeitos são defeitos, mas não impedem a perfeição, isto é, o caminhar para a perfeição, já que durante esta vida ninguém chega à perfeição antes de chegar ao reino celeste.

A tibieza que impede a perfeição é a tibieza evitável, que nos leva a cometer deliberadamente pecados veniais que, pela graça divina, podemos evitar mesmo na vida presente. Por menores que sejam, temos de evitá-los totalmente. São, por exemplo, as mentiras voluntárias, as pequenas murmurações, as palavras ressentidas, as zombarias, as palavras picantes, as palavras que nascem da autoestima, os rancores cultivados, a afeição desordenada a pessoas do outro sexo.

Devemos, pois, temer esses defeitos deliberados. Por sua causa deixamos de receber de Deus luzes maiores e ajudas mais fortes, e até mesmo as doçuras espirituais. Daí nascem o tédio e o peso espiritual, que nos levam a deixar a oração, a comunhão, a visita ao Santíssimo Sacramento, as novenas e tudo o mais.

É por isso que o Senhor ameaça os tíbios: "Você não é nem frio nem quente; quem dera que fosse uma coisa ou outra... porque você é morno... vou vomitá-lo da minha boca" (Ap 3,15-16). Quem é frio, pode mais facilmente corrigir-se, abalado pelo remorso; mas o tíbio, o morno, está acostumado a dormir com seus defeitos, sem se incomodar e sem pensar em se corrigir. É quase impossível a sua cura.

Pe. Luis de Ponte dizia que em sua vida tinha cometido uma infinidade de faltas, mas que nunca fizera paz com seus defeitos. Alguns fazem as pazes com os defeitos, e essa é sua ruína. Principalmente quando o defeito traz consigo o apego a alguma paixão de estima própria, de vontade de aparecer, de juntar dinheiro, de rancor contra alguém, de afeição desordenada a pessoa de outro sexo. O perigo é que esses fios de cabelo se tornem cadeias que arrastam para o inferno[48]. No mínimo essa pessoa não se fará mais santa, perdendo a coroa que Deus lhe preparara. O pássaro, livre de qualquer laço, logo voa. Quem está livre de qualquer apego terreno,

---

[48] S. Francisco de Assis.

logo voa para Deus. Muitas pessoas piedosas não se fazem santas porque não procuram libertar-se de pequenos apegos.

Todo o mal vem do pouco amor a Jesus. Quem vive cheio da estima por si mesmo, quem logo se aflige porque as coisas não acontecem a seu gosto, quem é muito indulgente consigo mesmo a pretexto da saúde, quem tem o coração escancarado para as coisas exteriores e a mente sempre distraída, querendo ouvir e saber de tantas coisas que nada têm a ver com Deus mas apenas com a satisfação própria, quem se ressente da menor desatenção que pensa ter sofrido, esses frequentemente estão perturbados, abandonam a oração e o recolhimento. Uma hora estão cheios de devoção e alegres, logo depois cheios de impaciência e tristeza, conforme as coisas vão de acordo ou não com seu humor. Esses não amam, ou amam muito pouco Jesus Cristo e desacreditam a verdadeira devoção.

Mas, que deve fazer quem estiver nesse miserável estado de tibieza? De fato, é difícil que uma pessoa tíbia recobre o antigo fervor. Mas, como diz Jesus, Deus pode fazer o que é impossível para os homens (Lc 18,27).

Quem ora e emprega os meios acabará chegando ao que deseja. Para sair da tibieza e chegar à perfeição há cinco meios: desejar a perfeição, querer consegui-la, fazer oração mental, comungar frequentemente, orar.

O primeiro meio, pois, é desejar a perfeição.

Os santos desejos são as asas que nos erguem da terra: dão-nos a força para caminhar em busca da perfeição e aliviam a dureza do caminho.[49] Quem de fato deseja a perfeição jamais deixa de caminhar em sua direção e haverá de chegar até ela. Quem não a deseja será cada vez mais imperfeito, pois não avançar no caminho de Deus é o mesmo que regredir,[50] pela força da correnteza de nossa natureza corrompida.

Erram os que dizem que Deus não quer que todos sejam santos. Não, a vontade de Deus é a nossa santificação (1Ts 4,3). Deus quer que todos sejam santos, e cada um na sua situação: o religioso como religioso, o

---

[49] S. Lourenço Justiniani.
[50] Sto. Agostinho.

secular como secular, o sacerdote como sacerdote, o casado como casado, o comerciante como comerciante, o soldado como soldado, e assim por diante em qualquer estado de vida. Que os nossos pensamentos sejam grandes, pois que deles virá o nosso bem.[51] Não rebaixemos nossos desejos, mas vamos confiar em Deus; se fizermos força, com a graça divina pouco a pouco chegaremos aonde chegaram muitos santos.[52] O Senhor aprecia os bons desejos como se fossem realidades.[53] Deus não concede grandes favores senão a quem muito deseja seu amor.[54] Ele não deixa sem pagamento qualquer bom desejo; gosta das pessoas corajosas, contanto que não confiem só em si mesmas.[55]

Nem os pecados cometidos podem impedir-nos de chegar à santidade. Podem até ajudar, porque sua lembrança nos faz mais humildes e agradecidos. Nada posso, deve dizer o pecador, nada mereço senão o inferno; mas estou diante de um Deus de bondade

---

[51] Sta. Teresa de Jesus.
[52] A mesma.
[53] A mesma.
[54] A mesma.
[55] A mesma.

infinita, que prometeu ouvir quem lhe pede. Uma vez que me libertou da condenação e quer ajudar-me a ser santo, posso ser santo com a ajuda de sua graça.

O segundo meio para chegar à perfeição é decidir dar-se totalmente a Deus.

Muitos são chamados à perfeição, impulsionados pela graça e cheios de desejo de se fazerem santos. Mas, porque não se resolvem, vivem e morrem na sordidez de sua vida morna e imperfeita. Vivem a repetir: "Seria diferente se eu vivesse no deserto e não nesta casa", "se pudesse ir viver noutro convento, iria ser totalmente de Deus", e enquanto isso não aguentam aquela pessoa, nem que alguém pense diferente, vivem perdidos em cuidados inúteis, cometem mil defeitos de gula, curiosidade e soberba. Esses desejos apenas atrapalham, pois apenas iludem. Temos de procurar a perfeição na realidade que vivemos.[56]

E para isso serve a oração mental: para começarmos a usar os meios que levam à perfeição. Muitos rezam muito, mas não chegam

---

[56] S. Francisco de Sales.

a nenhuma conclusão. É melhor uma oração rápida que produza efeitos, que uma oração de anos que não leve a fazer por Deus alguma coisa que pague a pena.[57]

A primeira decisão deve ser a de antes morrer que cometer um pecado deliberado, por menor que seja. Se o decidirmos, podemos contar com a ajuda de Deus; nada poderá impedir nossa caminhada corajosa, certos de estar na graça do Senhor.

Isso é ter consciência sensível. Uma coisa é ter consciência sensível, e outra é ter uma consciência escrupulosa. A consciência sensível é necessária para a santidade; mas o escrúpulo é um defeito que só prejudica. Com a ajuda do diretor espiritual, é preciso vencer essas apreensões vazias e irracionais.

Temos de resolver fazer o que é melhor, não apenas o que dá gosto a Deus, mas o que mais lhe agrada. Sem limitações.

S. André de Avelino fez o voto de cada dia crescer em perfeição. Quem quer chegar à santidade deve cada dia dar um passo adiante. Quem caminha, quer ir sempre adiante;

---

[57] Sta. Teresa de Jesus.

quem caminha na santidade, mais quer avançar, porque cada vez mais claramente vê o que lhe falta.[58]

Precisa começar hoje e não esperar para amanhã. Por isso S. Carlos Borromeu dizia sempre: "Hoje começo a servir a Deus". Não sabemos o tempo que teremos. E mais: precisa começar sempre de novo, porque diante do que temos de fazer por Deus é sempre nada o que fazemos, sem ficar olhando o que e como os outros fazem. Não são muitos os que querem chegar à santidade. Se quisermos imitar a maioria, seremos sempre imperfeitos.[59] Precisa vencer tudo, renunciar a tudo para obter tudo. Sempre é pouco o que se faz por Jesus, que por nós deu sangue e vida.

O terceiro meio para a santidade é a oração mental.

Só por milagre vive como cristão quem não medita. Sem a oração mental falta-nos a luz e caminhamos no escuro. Só com os olhos da alma, só meditando podemos ver as ver-

---

[58] S. Lourenço Justiniani.
[59] S. Bernardo

dades da fé. Quem não medita, facilmente se apega às coisas sensíveis e abandona as eternas. Na meditação percebemos nossas imperfeições[60] e nos conhecemos;[61] aprendemos a governar nossos afetos e dirigir nossas ações para Deus.

Quem deixa a oração deixa de amar Jesus. A oração é o laço que nos une estreitamente a Deus.[62] Quem não pára no caminho da oração, acabará chegando.[63] Da oração nascem os santos pensamentos, os bons afetos, os grandes desejos, a firme decisão de dar-nos totalmente a Deus.

Na oração não devemos procurar as doçuras do amor divino; quem o fizer estará perdendo tempo e tirará pouco proveito. Devemos orar apenas para agradar a Deus, isto é, para procurar o que Deus quer de nós e pedir que nos ajude. A oração feita sem as consolações sensíveis é a mais proveitosa para nós. Pobre de quem a deixa por não sentir nenhum gosto.

---

[60] Sta. Teresa de Jesus.
[61] S. Bernardo.
[62] Sta. Catarina de Bolonha.
[63] Sta. Teresa de Jesus.

Se fizermos oração, estaremos sempre pensando em Deus e falando dele. Da oração nasce o desejo da solidão, para estarmos a sós com Deus, conservando o recolhimento mesmo quando tratamos das ocupações necessárias. Corações escancarados jamais serão santos. Temos de manter o recolhimento mesmo no apostolado, na ajuda ao próximo, ou no estudo. São João Berchmans tinha um gosto extraordinário pela vida intelectual. Mas não consentiu nunca que o estudo fosse um obstáculo à sua oração.

Quem não faz oração mental acaba não rezando. Não vê as necessidades de sua alma, mal conhece os perigos que ameaçam sua salvação, não descobre os meios que deve usar para vencer as tentações. E assim, não percebendo a necessidade que tem de rezar, deixará a oração e certamente se perderá.

Quanto ao objeto de nossa meditação, nada mais útil que meditar sobre a morte, o julgamento, o inferno e o paraíso. Principalmente ajuda meditar sobre a morte, imaginando estarmos moribundos no leito, abraçados ao Crucifixo e perto de entrar na eternidade. Mas, para quem ama Jesus Cristo e quer crescer sempre em seu amor, não há meditação melhor que a da Paixão do Redentor. À vista de um Deus que morre porque nos ama (Ef 5,2), não é possível não amá-lo ardentemente.

O quarto meio para a perfeição e para a perseverança na graça de Deus é a comunhão frequente.

Já falamos da comunhão frequente no capítulo segundo, lembrando que nada é mais agradável a Jesus Cristo. E nada ajuda mais para a perfeição.[64] Geralmente falando, quem comunga mais frequentemente mais avança na santidade. A comunhão livra-nos das culpas do dia a dia e guarda-nos das mortais.[65] Inclina-nos às virtudes, infunde-nos paz, tornando assim fácil e suave o caminho da perfeição.[66] Acima de tudo, nenhum sacramento inflama-nos tanto do amor divino como a Eucaristia, onde Jesus se dá totalmente para nos unir a ele pelo amor. É por isso que o Pe. João de Ávila dizia: "Quem afasta as pessoas da comunhão frequente faz o papel de demônio.

---

[64] Sta. Teresa de Jesus.
[65] Concílio de Trento.
[66] S. João Crisóstomo.

Mas é preciso que nos preparemos bem para a comunhão. A preparação remota para a comunhão diária ou mais vezes durante a semana exige que evitemos os defeitos deliberados, que façamos muita oração mental, que mortifiquemos sentidos e paixões. A preparação próxima supõe pelo menos meia hora de oração mental. Finalmente, para tirar grande proveito da comunhão, precisa um longo agradecimento.

Os defeitos não plenamente voluntários não impedem a comunhão. Muitos não comungam frequentemente porque não querem comprometer-se com uma vida de maior recolhimento e de maior desapego das coisas terrenas. Percebem que não combina com a comunhão frequente a vontade de aparecer, a vaidade no vestir, o apego à gula, às comodidades e às conversas inúteis. Sabem que precisariam orar mais, mortificar-se mais interna e externamente, levar uma vida mais retirada. Por isso envergonham-se de aproximar-se mais frequentemente do altar, vivendo nesse mísero estado de tibieza.

Mas devem sair desse estado de tibieza, porque são chamados a uma vida mais perfeita; a menos que queiram pôr em grande risco sua salvação.

Para conservar o fervor, ajuda muito fazer frequentemente a comunhão espiritual. Essa comunhão consiste em um ardente desejo de receber Jesus na Eucaristia. Pode-se dizer mais ou menos assim: *"Meu Jesus, creio que estais presente na Eucaristia. Eu vos amo e desejo; vinde à minha alma. Eu vos acolho e vos peço que não permitais que venha a separar-me de vós"*. Ou de maneira mais breve: *"Meu Jesus, vinde a mim, eu vos desejo e acolho; que possamos estar sempre unidos"*.

Mais vezes durante o dia podemos fazer essa comunhão espiritual, na hora da oração, da visita ao Santíssimo Sacramento, quando não é possível comungar durante a Missa.

O quinto meio, e o mais necessário,
para a vida espiritual e para conquistar
o amor de Jesus é a oração.

Na oração temos a demonstração do grande amor que Deus nos tem. Que maior prova de afeto alguém poderia dar a um amigo do que dizer-lhe: Meu amigo, peça-me o que quiser que lhe darei! Pois bem, foi isso que fez o Senhor (Lc 11,9). Podemos assim dizer que a oração consegue-nos de Deus todos os bens. Se não nos falta a oração, podemos estar certos que não nos faltará a misericórdia divina.[67] Ainda estamos pedindo e Deus já nos está concedendo a graça procurada.[68] Se somos pobres, a culpa é nossa; somos pobres porque queremos, e por isso não merecemos compaixão.

A oração humilde consegue tudo de Deus, e por isso é tão útil para nós. Mas também é igualmente necessária para a nossa salvação. Para vencer as tentações temos necessidade absoluta da ajuda divina; às vezes precisamos até de uma ajuda especial. Se pedimos, recebemos essa ajuda; se não pedimos, não recebemos, e nos perdemos. A graça da perseverança final, a de morrer na graça de Deus, é absolutamente necessária para a nossa salvação. Pois bem, essa graça Deus não a concede senão a quem a pede. Quem não reza, é impossível que se salve. Isso porque, sem as graças de Deus é impossível conseguir a salvação, e Deus não dá suas graças senão a quem reza. Estamos sempre em perigo de abandonar a Deus, por isso temos de orar continuamente, como já o disse o próprio Jesus (Lc

---

[67] Sto. Agostinho.
[68] S. João Crisóstomo.

18,1). Se deixarmos a oração, seremos vencidos. Não podemos merecer a graça da perseverança final[69], mas podemos obtê-la orando.

O Senhor quer dar-nos suas graças, mas quer que as peçamos. Quase podemos dizer que quer ser importunado, quase obrigado pelas nossas orações.[70] Deus, sendo a bondade infinita, quer comunicar-se a outros, tem, por assim dizer, um desejo infinito de distribuir seus dons. Mas quer ser rogado.

Se, pois, queremos continuar na graça de Deus até a morte, é preciso que nos façamos mendigos e tenhamos a boca sempre aberta, a pedir que Deus nos ajude, repetindo sempre: *Meu Jesus, misericórdia, não permitais que me separe de vós. Senhor, ficai sempre ao meu lado, ajudai-me.* Essa era a oração contínua que praticavam os Padres do Deserto: *Senhor, ajudai-me e ajudai-me depressa, porque se tardais vou cair e perder-me.* Essa oração deve ser feita principalmente durante as tentações; quem assim não faz está perdido.

Quando nos recomendamos a Deus, precisamos ter uma confiança certa que ele nos

---

[69] Concílio de Trento.
[70] S. Gregório.

ouvirá, e obteremos o que desejamos. Não podemos duvidar, porque ele mesmo prometeu ouvir quem lhe pede (Jo 16,24; Mc 11,24). Pouco importa se somos pecadores: pecador ou justo, quem procura consegue. A força da oração não está em nossos méritos, mas na misericórdia de Deus que prometeu ouvir nossos pedidos. Basta que peçamos por amor de Cristo e obteremos todo o necessário para nossa salvação. E ao pedir, não deixemos de nos recomendar a Maria, a dispenseira das graças, por cujas mãos Deus no-las quer conceder.

Afetos e orações

Jesus, meu amor, quero de fato amar-vos tanto quanto posso, e santificar-me, para vos agradar e muito vos amar nesta e na outra vida. Nada posso, mas vós tudo podeis, e sei que quereis a minha santificação. Pela vossa graça eu vos desejo e nada busco fora de vós. Já não quero viver para mim mesmo; quereis que eu seja todo vosso, e todo vosso eu quero ser. Vinde, uni-me a vós. Sois a bondade infinita, sois aquele que tanto me amastes. Muito amais e muito mereceis ser amado; como poderia eu amar alguma coisa fora de vós? Prefiro vosso amor a todas as coisas do mundo; sois o único objeto, o único alvo de todos os meus afetos. Deixo tudo para empregar--me todo em vos amar somente a vós, meu Criador, meu consolador, minha esperança, meu amor e meu tudo.

Não perco a esperança de santificar-me, apesar de todas as ofensas que vos fiz no passado. Sei que morrestes para perdoar quem se arrepende. Eu vos amo com toda a minha alma, com todo o meu coração, mais que a mim mesmo, e mais que de tudo arrependo-me de vos ter desprezado, vós que sois o sumo bem.

Já não sou de mim mesmo, mas totalmente vosso, Deus de meu coração. Fazei de mim o que vos agradar. Para vos dar gosto, aceito todas as tribulações, as enfermidades, as dores, as angústias, os desprezos, a pobreza, as perseguições, as desolações; tudo aceito para vos agradar. Aceito até mesmo a morte que preparastes para mim, com todas as angústias e cruzes que a haverão de acompanhar. Peço apenas que me concedais a graça de muito vos amar. Ajudai-me, dai-me forças para compensar com meu amor, na vida que me resta, as amarguras que vos dei no passado.

Rainha do céu, Mãe de Deus, grande advogada dos pecadores, em vós eu confio.

9

O amor não se incha de orgulho

Quem ama Jesus Cristo não se orgulha de suas próprias qualidades, mas humilha-se e gosta de ver-se humilhado também pelos outros

O soberbo é como um balão cheio de vento; pensa que é grande, mas afinal toda a sua grandeza é apenas um pouco de vento que some quando se abre o balão. Quem ama a Deus é humilde, não se incha ao perceber em si alguma qualidade. Sabe que tudo quanto tem é dom de Deus, sendo seu apenas o nada e o pecado. Vendo os favores que Deus lhe faz, mais percebe sua pequenez, vendo-se tão amado por Deus e tão pouco merecedor desse amor. Não podemos pensar que Deus nos favorece por causa de méritos nossos; favorece para dar remédio à nossa fraqueza.

Vale mais ser humilde e reconhecer a própria limitação do que conquistar todas as riquezas do mundo. Se nos queremos salvar e continuar na graça de Deus até a morte, temos de colocar toda a nossa confiança nele somente. O soberbo confia em suas forças e por isso cai; mas o humilde, porque confia em Deus somente, ainda que assaltado pelas tentações mais fortes, continua firme e não cai, apoiado por Deus (Fl 4,13).

Estamos sempre entre duas tentações: a presunção e a desconfiança. Quando não temos medo de cair, mais devemos temer porque, se Deus não nos ajuda com sua graça, estamos perdidos. Quando nos domina a desconfiança, devemos voltar-nos para Deus, dizendo que nele confiamos e que por isso jamais seremos vencidos (Sl 30,2).

Mas não basta ser humilde e não ter grande conceito de si. Quem de fato é humilde não quer que os outros o julguem melhor do que é, nem se importa se alguém o despreza. Quem se ofende quando desprezado, está muito longe da perfeição, ainda que fizesse milagres.[71]

---

[71] Sto. Tomás de Aquino.

Não é possível que uma pessoa que ama Jesus Cristo, vendo seu Deus suportar bofetadas e escarros no rosto, possa não aceitar ser desprezado. Suportar insultos é o critério da humildade e da verdadeira virtude.[72] Jesus proclama feliz quem suporta pacientemente insultos e desprezos (Mt 5,11-12).

Devemos ser humildes principalmente quando, por causa de algum defeito, somos repreendidos por superiores ou por outros. Alguns são como os ouriços que, enquanto não são tocados, parecem muito calmos e mansos; porém, mal são tocados por um superior ou repreendidos por um amigo, logo mostram todos os espinhos. Como quem se revoltasse contra o médico que lhe causa dor ao cuidar de uma ferida. Quem quer chegar à perfeição não deve defender-se ainda que seja falsa a acusação,[73] a menos que haja perigo de escândalo. Quando não nos desculpamos começamos a aprender a humildade, a liberdade de espírito, o não importar-nos se falam bem ou mal de nós; isso ajuda mais a perfeição do que dez sermões ouvidos.[74]

---

[72] S. Francisco de Sales.
[73] S. Filipe Neri.
[74] Sta. Teresa de Jesus.

Afetos e orações

Palavra de Deus Encarnada, pelos méritos de vossa humildade, livrai-me da soberba e dai-me participar de vossa santa humildade. Depois de tantas vezes ter merecido o inferno, como poderei ressentir-me de qualquer ofensa que me seja feita? Senhor, pelo desprezo que sofrestes em vossa paixão, dai-me a graça de viver e morrer na humildade, pois que humilhado vivestes e morrestes por mim. Por vosso amor estou pronto a ser desprezado e abandonado por todos, mas sem vós nada posso.

Meu sumo bem, eu vos amo e vos peço que por vós eu possa sofrer tudo: afrontas, traições, perseguições, dores, aridez, abandono. Basta-me, Senhor, que não me abandoneis, vós que sois meu único amor. Não permitais que jamais eu me afaste de vós.

Dai-me o desejo de vos agradar. Fazei que vos ame ardentemente. Dai-me a paz no sofrimento; a resignação em todas as adversidades.

Tende piedade de mim. Nada mereço, mas tudo espero de vós que me remistes com vosso sangue.

E tudo espero de vós, Maria, minha rainha e minha mãe, que sois o refúgio dos pecadores.

10

O amor não é ambicioso

Quem ama Jesus Cristo
nada ambiciona fora de Jesus Cristo

Quem ama a Deus não vive procurando ser estimado e amado pelos outros. Seu único desejo é ser querido de Deus, único objeto de seu amor. Vem do mal o desejo de ser estimado porque, perdida a humildade, corre-se o risco de cair em todos os males. Deus não dá sua graça aos soberbos (Tg 4,6), nem escuta suas preces. Devemos temer quando vemos surgir em nós alguma ambição de aparecer e de sermos estimados pelo mundo. E quando o mundo nos concede alguma honra, não fiquemos cheios de contentamento, pois isso pode ser causa de nossa ruína.

Principalmente temos de evitar os melindres em pontos de honra. Muitos dizem abraçar a vida espiritual, mas são idólatras de sua própria honra. Mostram algumas virtudes aparentes, mas sua ambição é serem louvados por tudo que fazem. Se não aparece ninguém para os louvar, louvam-se a si mesmos. Basta que alguém rele em sua autoestima e logo perdem a paz, deixam a comunhão, deixam todas as suas devoções, e não se aquietam enquanto não pensarem ter reconquistado a estima perdida.

Não age assim quem de fato ama a Deus. Não só evita dizer qualquer palavra em louvor de si mesmo, mas não se compraz e até se entristece quando outros o louvam. Até se alegram se os outros o têm em baixo conceito.

Na verdade, somos o que de fato somos diante de Deus.[75] Se nos louvam, não nos livram do castigo pelo mal feito; se nos vituperam, não nos tiram o mérito do bem que fizemos.[76]

A vida oculta é a mais segura para quem quer amar de fato Jesus Cristo. Foi, aliás, o exemplo que nos deu, por trinta anos vivendo oculto e desprezado em uma oficina. Foi

---

[75] S. Francisco de Assis.
[76] Sto. Agostinho.

o que levou muitos santos a viver em desertos e grutas para evitar serem estimados. O maior empecilho para a vida espiritual é o gosto de aparecer, o querer que falem elogiosamente de nós, que reconheçam as maravilhas que fazemos.[77]

Quem, pois, quiser crescer no amor a Jesus, deve a todo o custo fazer morrer em si o amor da estima própria. E para isso é preciso ocultar-se para não ser conhecido nem honrado.[78]

Para sermos agradáveis a Deus, portanto, temos de fugir da ambição de aparecer e de ser queridos. E mais ainda temos de fugir da ambição de dominar os outros.

Afetos e orações

Jesus, dai-me a ambição de vos agradar; fazei que me esqueça de todas as criaturas e até de mim. De nada me adianta se for amado de todo o mundo mas não for amado por vós, meu único amor.

---

[77] S. Vicente de Paulo.
[78] Sta. Maria Madalena de Pazzi.

Senhor, viestes a esta terra para ganhar os nossos corações. Se não vos dou o meu, tomai-o à força e enchei-o de vosso amor. Não permitais que jamais me separe de vós. Tantas vezes vos dei as costas; mas agora arrependo-me de todo o coração. Isso é o que mais me entristece. Meu consolo é saber que sois a bondade infinita, e não tendes dificuldade em amar um pecador que vos ama.

Meu Redentor, amor de minha vida, muito vos desprezei, mas agora vos amo mais que a mim mesmo. Ofereço-me com tudo que tenho, e nada mais quero que vos amar e agradar. Aumentai esta minha ambição e destruí em mim todos os anseios mundanos.

Quero ser todo vosso, que na cruz morrestes por mim. Quereis que eu seja santo e podeis fazer-me santo; em vós eu confio.

E também confio na vossa proteção, grande mãe de Deus, Maria.

11

O amor não é interesseiro

Quem ama Jesus Cristo procura desapegar-se de todas as criaturas

Quem quer amar Jesus Cristo com todo o coração precisa expulsar do coração o tudo que não seja Deus, mas apenas amor próprio. É o amor absoluto que Deus pede de cada um de nós (Mt 22,37).

Para amar a Deus de todo o coração duas coisas são necessárias: esvaziá-lo de tudo que é terra e enchê-lo de santo amor. Não pode ser totalmente de Deus o coração onde há algum afeto terreno. E das coisas terrenas nosso coração purifica-se pela mortificação e pelo desapego das coisas criadas.

Muitos enganam-se. Querem tornar-se santos, mas a seu modo. Querem amar Jesus Cristo, mas de acordo com seu jeito, sem deixar aquelas diversões, aquela vaidade no vestir, aqueles alimentos dos quais são gulosos. Amam a Deus mas, se não conseguem aquela função, vivem inquietos. Se alguém lhes toca na honra, pegam fogo. Se não saram daquela enfermidade, perdem a paciência. Amam a Deus, mas não deixam o afeto às riquezas, às honras do mundo, à vaidade de serem gente importante, instruída, melhor que os outros.

Oram, comungam, mas de nada adianta porque têm o coração cheio de terra. Vivem no meio de tanto ruído que não podem ouvir a voz de Deus. Não será difícil que, cegos pelo apego aos bens da terra, abandonem o amor a Jesus Cristo e tudo percam. Deus não aceita outros deuses ao seu lado, não aceita rivais no amor. Tanto mais que Jesus merece todo o nosso amor. E o merece até demais, pela sua bondade e pelo amor que nos tem.

Uma afeição terrena desordenada, ainda que pequena, impede o voo da santidade, prende-nos à mediocridade da nossa miséria e não nos permite levantar o pé do chão. Importa alçar o voo o quanto antes, rompendo as amarras terrenas, ainda que sejam as de um simples fio. Se o fizermos, Deus se comunicará a nós em toda a sua plenitude.

Quem quer que Deus seja todo seu precisa ser todo de Deus. Jesus ama-nos tanto que não se contenta senão com todo o nosso amor. Devemos, pois, pedir que Deus purifique nosso coração de qualquer apego terreno (Lc 14,33). Importa que lhe digamos de coração forte e decidido: "Senhor, eu vos prefiro a tudo: saúde, riquezas, dignidades, honras, louvores, ciência, consolações, esperanças, desejos. Eu vos prefiro até mesmo às vossas graças e dons. Quero somente a vós e nada mais".

Nosso coração não pode viver sem amar: ou ama o Criador ou as criaturas. Se desapegamos nosso coração dos afetos às coisas da terra, imediatamente o amor de Deus toma conta dele. É preciso deixar tudo para conquistar tudo.[79] É pouco demais um coração para amar esse Deus que tanto ama e é tão amável.

Nossa preocupação deve ser procurar a Deus para amá-lo, sua vontade para cumpri--la, livrando o coração de qualquer apego às criaturas. Feliz quem pode dizer: "Jesus, por

---

[79] Tomás de Kempis.

vosso amor deixei tudo; vós sois meu único amor; vós me bastais. Quando o amor divino toma posse totalmente de uma pessoa, ela por si mesma, com a ajuda da graça, procura despojar-se de qualquer coisa terrena que a possa impedir de ser totalmente de Deus".

Para chegar, pois, à união com Deus, precisa *um desapego total das criaturas*. Particularmente é preciso deixar o afeto desordenado aos parentes (Lc 14,26), que às vezes podem ser o maior obstáculo na busca da perfeição e na escolha da vocação.

Mas, para sermos totalmente de Deus, *precisamos ainda desapegar-nos da estima mundana*. Muitos, buscando essa maldita estima, afastam-se de Deus e até o perdem. Principalmente temos de *desapegar-nos de nós mesmos, da nossa vontade própria*. Quem vence a si mesmo facilmente vencerá todas as outras dificuldades. Aqui está tudo quanto devemos fazer para sermos santos: renegar a nós mesmos e não seguir nossa vontade (Mt 16,24). Pobre de quem é escravo de sua vontade própria: ansiará por muitas coisas sem as conseguir, e deverá sofrer coisas que não quer.

Resumindo: quem de fato ama Jesus Cristo deixa de amar os bens da terra, e procura despojar-se de tudo para manter-se unido somente a Jesus. Para Jesus vão todos os seus desejos, todos os seus pensamentos, a ele somente procura agradar em toda a parte, sempre e em todas as ocasiões. Mas, para chegar a isso, precisa esvaziar o coração de todos os afetos que não são por Deus.

Dar-nos totalmente a Deus é: fugir do que lhe desagrada e fazer o que mais lhe agrada; aceitar absolutamente tudo que nos vem de suas mãos, por mais duro e desagradável que seja; em tudo preferir a vontade de Deus às nossas próprias vontades. Isso é ser totalmente de Deus.

Afetos e orações

Meu Deus e meu tudo, apesar de minha ingratidão e descuido em vos servir, continuais a me chamar ao vosso amor. Aqui estou, não mais quero resistir. Quero deixar tudo para ser todo vosso. Já não quero viver para mim mesmo. Sinto-me obrigado a vos amar.

Como posso amar outra coisa vendo-vos morrer por mim numa cruz? Ao vos ver mor-

to, acabrunhado de dores, tenho de vos amar. Nada mais desejo que vos amar nesta vida e por toda a eternidade.

Meu amor, minha esperança, minha força e minha consolação, amparai-me para que vos seja fiel. Iluminai-me, fazei-me ver tudo de que devo desapegar-me, e dai-me forças para que o faça.

Ofereço-me e dou-me todo a vós, para atender ao desejo que tendes de unir-vos a mim, para unir-me todo a vós, meu Deus e meu tudo. Vinde, Jesus, tomai posse total de mim, arrebatai para vós todos os meus pensamentos e afetos.

Renuncio a todos os meus desejos, às consolações e a todas as coisas criadas. Somente vós me bastais. Dai-me a graça de não pensar em nada mais que em vós, de nada mais desejar senão a vós, de somente a vós procurar, meu amor e meu único bem.

Mãe de Deus, Maria, obtende para mim a perseverança.

12

O amor não se irrita

Quem ama Jesus Cristo
não se irrita com o próximo

Nasce da mansidão a virtude de não nos irrarmos quando as coisas não vão bem. Já falamos bastante da mansidão; mas aqui entraremos em mais alguns pormenores e mais práticas, uma vez que são virtudes das quais sempre precisamos enquanto vivemos entre as pessoas.

A humildade e a mansidão foram virtudes muito queridas de Jesus, que convidou seus discípulos a serem como ele (Mt 11,29). São muito agradáveis a Jesus os corações mansos, que não se iram quando sofrem afrontas, zombarias, calúnias, perseguições, injúrias e golpes. Aos mansos está prometida a salvação (Mt 5,4). O paraíso é a pátria dos desprezados, dos perseguidos, dos espezinhados.[80]

Não existe mansidão sem uma grande humildade nem se pensamos grandes coisas de nós mesmos, julgando-nos merecedores de todas as honras, se não estamos mortos a nós mesmos. Quem de coração ama Jesus Cristo consegue ser indiferente aos insultos e aos desprezos, pois aceita sua divina vontade e, com a mesma paz e tranquilidade de espírito, recebe as coisas boas e as coisas más, as consolações e as aflições, as injúrias e as cortesias.

Quem chega a esse grau de virtude é feliz. Goza de contínua paz, esse bem superior a todos os bens deste mundo.

Numa palavra: para estar sempre unidos a Jesus precisamos fazer tudo com tranqüilidade, sem nos inquietarmos com os obstáculos encontrados. O Senhor não mora nos corações inquietos.

Não devemos abrir a porta à ira, porque depois não poderemos dominá-la. Por isso de-

---

[80] P. Alvarez.

vemos: não aceitar a ira, mas pensar logo em outras coisas e não dizer nenhuma palavra; como os apóstolos na tempestade, pedir que o Senhor ponha nosso coração em paz. Se já entrou em nós, temos de procurar acalmar-nos, e assumir atitudes de humildade e de doçura para com a pessoa contra a qual estamos irados. Mas tudo isso com suavidade, sem violência, para não irritar ainda mais a chaga.[81]

Quando agitados pela cólera, muitos pensam que se acalmam desabafando com atos ou pelo menos com palavras. Enganam-se. Depois se sentiram muito mais perturbados que antes. Quem quer conservar-se numa paz contínua, evite sempre o mau humor. Quando se sente de mau humor, procure afastá-lo imediatamente, sem jamais dormir com ele. Leia algum livro, cantarole alguma canção piedosa, converse com amigos sobre coisas amenas.

Quem ama o Redentor jamais está de mau humor. Não querendo outra coisa senão o que Deus quer, tem sempre tudo o que quer. Por isso está sempre tranquilo, sempre estável. Por isso pode mostrar mansidão univer-

---

[81] S. Francisco de Sales.

sal com todos. Mansidão, porém, que não se consegue sem um grande e terno amor a Jesus Cristo. Como nem sempre vivemos esse amor, é preciso que na oração mental nos preparemos para os desencontros que sempre podem acontecer. Caso contrário, quando chegar o momento, não saberemos o que fazer para não ser vencidos pela ira.

Se não estivermos preparados, acharemos razoável responder na mesma altura a quem nos agride. Mas fogo não se apaga com fogo; temos é de usar palavras mansas. E se estamos por demais agitados, o melhor será calar, deixando a resposta para quando estivermos calmos. É verdade que, às vezes, é preciso usar palavras ásperas com um insolente. Nem sempre a ira é culposa. Mas, na prática, isso não é fácil; o melhor mesmo é usar palavras brandas sem nos deixar dominar pela emoção.

Temos de ser mansos principalmente quando repreendidos por superiores ou amigos. Aliás, temos de ser mansos também conosco quando caímos em algum defeito. Senão perdemos a tranquilidade e nada poderemos fazer de bem. Os pensamentos que nos inquietam não vêm de Deus,[82] mas do demônio, do amor próprio ou da estima exagerada por nós. Devemos afastar imediatamente os pensamentos que nos inquietam.

Muita mansidão é necessária quando devemos repreender alguém. As correções amargas em geral fazem mais mal que bem, principalmente quando a outra pessoa já está perturbada. Nesse caso é melhor deixar para depois. Como também não devemos corrigir ninguém quando estamos de mau humor, pois seremos ásperos e de nada adiantará o que dissermos.

Esses cuidados devemos ter ao tratar com outros. Quanto a nós, se queremos progredir, devemos mostrar nosso amor a Jesus Cristo suportando com paz e alegria os maus tratos, as injúrias e os desprezos.

Afetos e orações

Meu Jesus desprezado, com vosso exemplo me ensinastes a aceitar os desprezos. Prometo que de agora em diante irei suportar

---

[82] S. Francisco de Sales.

qualquer afronta por amor de vós que por amor de mim tanto fostes insultado. Ajudai-me a fazer isso. Fazei-me conhecer e realizar tudo que quereis de mim.

Meu Deus, meu tudo, nenhum bem quero procurar fora de vós que sois o bem infinito. Quereis tanto que eu melhore; fazei que só me preocupe com vos agradar. Que meu pensamento seja sempre de evitar qualquer ofensa a vós, e fazer sempre tudo que vos agrada. Afastai de mim qualquer coisa que me possa separar de vosso amor. Consagro minha liberdade a fazer sempre o que quereis.

Eu vos amo, bondade infinita; eu vos amo, Verbo Encarnado, mais que a mim mesmo. Tende piedade de mim, curai todas as chagas que o pecado abriu em mim. Abandono-me em vossos braços, meu Jesus; quero ser todo vosso, tudo sofrer por vosso amor. De vós nada quero senão vós.

Virgem santa, minha mãe Maria, eu vos amo e em vós confio. Socorrei-me com vossa poderosa intercessão.

13

O amor não guarda rancor,
não se alegra com a injustiça,
mas fica feliz com a verdade

Quem ama Jesus Cristo nada quer
senão o que Jesus Cristo quer

A caridade está sempre unida com a verdade. Sabe que Deus é o único e verdadeiro bem, e por isso odeia a iniquidade que se opõe à vontade divina, e não se alegra senão com o que Deus quer. Por isso quem ama a Deus pouco se importa com o que os outros dizem dele, e apenas procura fazer o que agrada a Deus.

Já dissemos e repetimos que a santidade e a perfeição consistem em a pessoa negar-se a si mesma e seguir a vontade de Deus. Mas aqui podemos falar disso mais a fundo. Se queremos ser santos, pois, todo o nosso es-

97

forço deve ser jamais fazer a nossa vontade, mas sempre a de Deus. Nisso estão todos os conselhos e os mandamentos divinos.

Peçamos, pois, que o Senhor nos dê a santa liberdade de espírito: com essa liberdade abraçaremos tudo quanto agrada a Jesus Cristo, apesar de qualquer repugnância de nossa parte ou de qualquer receio do que os outros pensem. Se amamos Jesus Cristo, tudo se torna igual e indiferente para nós, o doce e o amargo. Não iremos querer o que nos agrada, mas somente e tudo o que agrada a Deus. Com a mesma paz iremos dedicar-nos às coisas grandes ou às pequenas, às agradáveis e às desagradáveis. Basta-nos agradar a Deus.

Ame a Deus e faça o que quiser.[83] Quem ama a Deus nada procura senão dar gosto a Deus, e só nisso encontra sua satisfação. Quem ama não pensa em si, mas somente em dar gosto àquele a quem ama.[84] O gosto de Deus, pois, deve ser o único objetivo de todos os nossos pensamentos, ações, desejos, orações. Esse é o caminho da perfeição: estar sempre de acordo com a vontade de Deus.

---

[83] Sto. Agostinho.
[84] Sta. Teresa de Jesus.

Deus quer que o amemos de todo o nosso coração. Ama a Jesus Cristo de todo coração quem lhe diz de coração sincero: "Senhor, que queres que eu faça?" (At 9,6). É bom saber: querendo o que Deus quer, queremos o nosso maior bem. Repito: nisto está toda a perfeição. E se procuramos dar gosto a Deus, ele não se deixa vencer em generosidade.

Mas a nossa uniformidade com a vontade divina deve ser total e sem limites, constante e sem revogação. Nisso está o ponto mais alto da perfeição. Para isso devem estar voltadas todas as nossas ações, todos os nossos desejos, todas as nossas orações. Não devemos procurar dons extraordinários; se queremos ser santos, devemos desejar a verdadeira união com Deus, que consiste em unir totalmente nossa vontade com a sua, completamente desapegados de tudo.

Se em todas as adversidades estivéssemos unidos à vontade divina, certamente que seríamos santos, e os mais felizes de todos os homens. A isso temos de prestar toda a nossa atenção, procurando ter a nossa vontade sempre unida à de Deus em tudo que nos acontece de agradável ou não. Não podemos ser como bandeirolas agitadas pelo vento. Alguns, se o vento é favorável, estão alegres e tranquilos. Basta que o vento mude, e logo estão tristes e impacientes. Não se fazem santos e vivem infelizes, porque nesta vida geralmente as adversidades são mais frequentes.

Há muitos, porém, que forjam para si uma santidade de acordo com suas inclinações. O melancólico põe sua santidade na solidão; o ativo, no pregar e no tratar com as pessoas; o de gênio áspero, em penitências e macerações; o de gênio generoso, em dar esmolas; outro, em fazer muitas orações vocais; aquele, em visitar santuários; e nisso fazem consistir toda a sua santidade. As obras externas são frutos do amor a Jesus Cristo, mas o verdadeiro amor consiste na uniformidade em tudo com a vontade de Deus. E, portanto, em negar-se a si mesmo e escolher o que mais agrada a Deus, pura e simplesmente porque ele o merece.

Se de fato amamos Jesus Cristo, então amamos somente o que lhe agrada, e só porque lhe agrada, quando o quer, onde o quer, como o quer. Não importa se quer de nós obras honrosas, ou ocupações humildes e vis; se quer para nós uma vida à vista do mundo, ou oculta e esquecida. Esse é o verdadeiro amor de Jesus Cristo.

A perfeição consiste: no desprezo de nós mesmos; na total mortificação de nossos apetites; na conformidade perfeita com a vontade divina. Quem falha em alguma dessas três virtudes está fora do caminho da perfeição.

O verdadeiro amor a Jesus Cristo manifesta-se no sofrer e no abraçar com alegria as coisas desagradáveis e contrárias ao nosso amor próprio. Mais vale um "bendito seja Deus" nas dificuldades que seis mil agradecimentos quando tudo vai bem.[85]

A perfeita conformidade com a vontade divina, porém, não se obtém senão por meio da oração mental e de contínuas súplicas, e querendo de fato ser totalmente de Jesus Cristo.

Afetos e orações

Coração muito amável de meu Salvador, enamorado de nós, pudesse eu fazer que todos entendessem o amor que lhes tendes e as

---

[85] S. João de Ávila.

vossas finezas de amor com todos os que vos amam sem reserva. Aceitai, meu Jesus, a oferta e o sacrifício que hoje vos faço de minha liberdade. Dizei-me o que quereis de mim, e tudo quero fazer com a vossa graça.

14

O amor tudo sofre

Quem ama Jesus Cristo tudo sofre por ele, especialmente a enfermidade, a pobreza, os desprezos

No capítulo quinto já falamos da paciência em geral. Aqui veremos em particular algumas coisas nas quais devemos exercer uma paciência especial.

Não podemos avançar na perfeição se não suportamos com paciência e amor as dores, a pobreza e os desprezos, tendo sempre em vista o como Jesus os suportou.[86]

Falemos primeiro das *dores e enfermidades do corpo*.

Nós as suportaríamos até com alegria se soubéssemos o quanto nos podem ajudar. Pelo

---

[86] Pe. Baltazar Alvarez.

menos não devemos lamentar-nos e viver contando-as para todos. Devemos antes, como os santos, considerá-las como favores recebidos de Deus.

É verdade que a enfermidade e as dores podem impedir-nos de ir à igreja, de fazer nossas orações, de participar da Eucaristia. Mas, se fazemos tudo isso, devemos fazê-lo para dar gosto a Deus. Pois bem, quando estamos enfermos, o que Deus quer é que suportemos com paciência todos esses incômodos e dores. Se queremos estar sempre de acordo com a vontade de Deus, pouco importa se estamos sãos ou doentes.[87]

Se a cabeça não nos permite fazer oração ou meditar, sempre podemos fazer atos de conformidade com a vontade divina. E essa será a oração mais bela que jamais poderíamos fazer. Podemos sempre suavemente nos colocar na presença de Deus, sem tentar à força pensar em algo particular. Bastam de vez em quando alguns atos de amor, de confiança, de agradecimento e principalmente de resignação quando as dores se fazem mais

---

[87] S. João de Ávila.

fortes. Era o que fazia S. Vicente de Paulo na enfermidade. E mais: muito boa oração será olhar às vezes o Crucificado, unindo o pouco que sofremos ao muito que por nós padeceu.

Acima de tudo devemos, nas enfermidades, estar prontos a aceitar a morte, e aquela morte que aprouver a Deus. O maior sinal de conversão que podemos dar é aceitar resignadamente a morte. A vida coloca-nos sempre na possibilidade de abandonar a Deus pelo pecado. E mais, se de fato amamos a Deus, devemos desejar ardentemente vê-lo e amar com todas as nossas forças no céu, uma vez que não o podemos fazer perfeitamente nesta terra.

Em segundo lugar, *devemos ser pacientes no sofrer a pobreza.*

Para isso precisamos lembrar que se temos Deus, temos tudo; se não temos Deus não temos nada.[88] Pobre é quem deseja aqueles bens que não tem. Quem nada deseja e contenta-se com a pobreza, esse é rico. Os santos não apenas suportaram pacientes a pobreza, mas procuraram despojar-se de tudo para vi-

---

[88] Sto. Agostinho.

ver desapegados de tudo, unidos somente a Deus. Se não temos a coragem de renunciar a todos os bens desta terra, pelo menos aceitemos a situação em que nos quer o Senhor. Procuremos não as riquezas da terra, mas as do paraíso, muito maiores e eternas.

A abundância dos bens materiais podem impedir-nos de caminhar para Deus. Já a pobreza é um caminho para caminharmos mais livremente. Nada tendo e nada temendo, a pobreza é sempre alegre e abundante, e todas as dificuldades transforma em vantagens para a alma. A virtude, porém, não está em ser pobre, mas em amar a pobreza.[89]

Esse amor da pobreza devem ter principalmente os que fazem voto de pobreza. Se bem que haja muitos que querem ser pobres, contanto que nada lhes falte.[90]

De certo modo faz parte da pobreza o sermos privados de parentes e amigos pela morte. E isso também temos de suportar pacientemente, sem lágrimas desmedidas.

Em terceiro lugar devemos ser pacientes e mostrar nosso amor a Deus *sofrendo na paz os desprezos recebidos*.

---

[89] S. Bernardo.
[90] S. Bernardo.

Quando alguém se dá totalmente a Deus, Deus mesmo faz ou permite que seja desprezado e perseguido. Afrontas e injúrias eram delícias procuradas avidamente pelos santos. Bastava-lhes ver o quanto o próprio Jesus foi injuriado. Afrontas, pobreza, dores e tribulações para quem não ama a Deus acabam sendo ocasiões para mais se afastar dele. Mas, para quem o ama, são motivo para mais se apegar a ele e mais o amar.

Mas, por que Deus nos manda tantas cruzes? Alegra-se vendo-nos atribulados, desprezados, perseguidos e maltratados no mundo? Seria um tirano tão cruel que gosta de nos ver sofrer? Não. Deus não é tirano nem cruel. É cheio de piedade e de amor. Basta dizer que chegou a morrer por amor a nós. No sofrimento ele vê um bem para nós, e com isso alegra-se. Pois, pelo sofrimento podemos afastar-nos do pecado e livrar-nos das penas merecidas; pelo sofrimento aprendemos a nos desapegar dos prazeres sensíveis desta terra; sofrendo com paciência e resignação damos prova de nosso amor e conquistamos glória maior no céu.

Concluindo. Para manter a paciência em todas as tribulações, temos de lembrar que todas nos vêm das mãos de Deus diretamente, ou através de pessoas. Por isso devemos agradecer a Deus e aceitar com alegria o que nos manda de favorável ou de contrário, porque ele tudo dispõe para o nosso bem. Mas, para sofrer com paciência qualquer dor, insulto ou oposição, ajuda mais que tudo a oração. Orando conseguiremos a força que nos falta.

Afetos e orações

Senhor, estou convencido que sem sofrimento pacientemente suportado não posso chegar ao paraíso. Espero que me concedais a paciência no sofrer. Quero aceitar com paz todas as tribulações. Mas, quando chegam logo me entristeço e perco a coragem. Acabo sofrendo sem merecimento e sem amor, porque não sei sofrer para vos agradar. Jesus, pelos méritos de vossa paciência em meio a tantos sofrimentos por meu amor, dai-me a graça de sofrer todas as cruzes por vosso amor.

Eu vos amo de todo o coração, meu Redentor; eu vos amo, meu bem maior, eu vos amo, meu amor, digno de infinito amor. Acima de tudo me arrependo dos desgostos que vos dei.

Prometo aceitar com paciência todas as dificuldades que me mandardes; mas de vós espero o socorro para o conseguir, especialmente para sofrer em paz as dores de minha agonia e de minha morte.

Maria, minha rainha, obtende para mim uma tranquila aceitação de tudo quanto ainda devo sofrer na vida e na morte.

15

O amor tudo crê

Quem ama Jesus crê em todas as suas palavras

Quem ama acredita em tudo o que diz a pessoa amada. Por isso, quanto maior for nosso amor a Jesus Cristo, tanto mais firme e viva será a nossa fé. O bom ladrão, vendo nosso Redentor que morria sobre a cruz sem nada ter feito de mal, e tudo sofria com paciência, começou a amá-lo. Levado por esse amor e iluminado pela luz divina, acreditou que ele era verdadeiramente o filho de Deus, e por isso pediu-lhe que dele se lembrasse quando chegasse ao seu reino.

A fé é o alicerce da caridade sobre o qual a caridade está fundamentada; a caridade, porém, leva a fé à perfeição. Quem mais perfeitamente ama a Deus, mais perfeitamente crê. A caridade leva-nos a crer não apenas com o intelecto, mas também com a vontade, conformando nossa vida à verdade em que acreditamos.

Quem despreza a amizade divina para não se privar dos prazeres proibidos, gostaria que não houvesse lei que os proibisse, e por isso foge das verdades eternas. Até procura razões para não crer na existência da alma, de Deus ou do inferno.

Quem, de coração, ama Jesus Cristo tem sempre diante dos olhos as verdades eternas, e segundo elas orienta suas obras. Vê claramente que as grandezas humanas não passam de fumaça, lodo e engano. Que nosso bem e nossa felicidade está em amar nosso Criador e fazer sua vontade. Que valemos o que valemos diante de Deus, e pouco adianta ganhar o mundo inteiro e perder-nos. Que os bens todos da terra não podem satisfazer nosso coração, mas que somente Deus o pode contentar. Quem ama Jesus Cristo, afinal, compreende que precisamos deixar tudo para ganhar tudo.

O amor tudo crê. Há muitos cristãos que creem, mas vivem uma fé muito fraca. Fazem uma escolha entre as verdades ensinadas por Jesus. Para eles, feliz é quem é rico; feliz é quem não padece; feliz é quem leva vida fácil; coitado de quem é perseguido e maltratado. Esses ou não creem no Evangelho, ou creem apenas em parte do Evangelho. Quem ama de fato Jesus Cristo, esse acredita em todo o Evangelho.

Afetos e orações

Meu amado Redentor, vida de minha alma, creio que sois o único bem digno de ser amado. Creio que sois quem mais me ama, uma vez que somente por meu amor morrestes no meio de dores. Creio que nesta vida e na outra não existe maior felicidade que vos amar e fazer vossa vontade. Creio nisso com toda a firmeza, e por isso a tudo renuncio para ser vosso e nada ter senão a vós. Pelos méritos de vossa paixão ajudai-me e fazei que eu seja como quereis.

Creio em vós, verdade infalível. Confio em vós, misericórdia infinita. Eu vos amo, bondade infinita. Dou-me todo a vós, amor infinito que todo vos destes a mim na vossa Paixão e na Eucaristia.

A vós eu me recomendo, Maria, mãe de Deus e refúgio dos pecadores.

16

O amor tudo espera

Quem ama Jesus Cristo tudo espera de Jesus Cristo

A esperança faz crescer o amor e o amor faz crescer a esperança. Nossa esperança na divina bondade faz crescer nosso amor a Jesus Cristo. Não quer o Senhor que confiemos nas criaturas para não lhes consagrarmos nosso amor. Mas que somente nele confiemos, e assim fazendo, fortificados por ele, iremos avançar em seu amor. Abandonando a terra, mais nos uniremos a ele pelo amor.

A esperança aumenta o amor a Deus, e o amor aumenta a esperança, porque o amor nos faz filhos seus adotivos, participantes da natureza divina (2Pd 1,4). E, por isso, seremos também herdeiros do paraíso (Rm 8,17), moradores de sua casa por herança.

Deus ama quem o ama, e cobre de graças quem o procura. Quem mais o ama, mais pode esperar de sua bondade. Essa confiança é que dava aos santos aquela tranquilidade inalterável, que lhes dava alegria e paz mesmo no meio das dificuldades.

Objeto primeiro da esperança cristã é Deus, que será nossa alegria no reino da felicidade. E essa esperança de alegria não se opõe ao amor, porque é justamente nessa alegria do céu que nosso amor poderá atingir sua plenitude. O amor de amizade baseia-se na partilha dos bens, porque é amor recíproco.[91] Se somos amigos de Deus, ele nos revelará seus segredos e nos fará participantes de todos os seus bens. O amor de amizade não leva apenas à partilha de bens, leva também à procura de união. Por isso o amor não nos impede de esperar a recompensa que Deus nos prepara no céu. Essa recompensa consiste fundamentalmente na união com Deus. E o amor de amizade leva exatamente a essa união de amigos que mutuamente se doam. No céu seremos totalmente de Deus e Deus será totalmente nosso, na medida de nossa capacidade e de nossos méritos.

---

[91] Sto. Tomás de Aquino.

O amor tudo espera. A esperança cristã é a espera certa da felicidade eterna.[92] Nasce essa certeza da infalibilidade da promessa divina de dar a vida eterna aos servos fiéis. O amor livra-nos do pecado que nos pode impedir de chegar à felicidade eterna; quanto maior o amor, tanto maior e mais firme nossa esperança. Esperança de afinal estarmos na presença de Deus a quem amamos, e por cuja presença o amor nos faz ansiar. Quem nesta terra muito ama a Jesus Cristo não pode deixar de desejar e esperar ir logo para o paraíso, a se unir com seu amado Senhor.

Amemos agora Jesus Cristo quanto pudermos, desejando a cada momento ir vê-lo no paraíso, para ali amá-lo perfeitamente. Que seja esse o principal objeto de todas as nossas esperanças, amá-lo com todas as nossas forças, cumprindo assim finalmente o preceito de amar a Deus acima de tudo (Lc 10,27).

O objetivo de todos os nossos desejos, anseios, pensamentos e esperanças deve ser gozar Deus no paraíso, para amá-lo com todas as forças e gozar o gozo de Deus. No céu

---

[92] Sto. Tomás e Pedro Lombardo.

teremos toda a felicidade, e toda a nossa felicidade consistirá principalmente em conhecer a felicidade infinita de nosso Deus. O bem de Deus será nosso bem, a riqueza de Deus será nossa riqueza, a felicidade de Deus será nossa felicidade.

Tão logo estejamos no céu veremos sem véu, à luz da glória, a infinita beleza de Deus, cativados para sempre e afogados no amor. Já não pensaremos em nós, mas apenas em amar nosso Deus, dar-lhe gosto, possuí-lo totalmente possuindo-o já sem medo de jamais perdê-lo, dando-nos a ele sem reserva nenhuma. Com amor Deus nos abraçará e por toda a eternidade estaremos em seus braços.

Estaremos unidos a ele com todas as nossas forças, com um amor pleno e completo que, mesmo sendo um amor finito como tudo que é humano, será suficiente para nos saciar plenamente, a ponto de nada mais desejarmos. Deus irá comunicar-se e unir-se totalmente a nós, tomando conta de tudo em nós, na medida de nossa capacidade e de nossos méritos. Não nos dará apenas seus dons, mas seu próprio ser, como o fogo que penetra no ferro e de certo modo o converte em si mesmo. Seremos como que absorvidos no mar imenso da divindade.

Afinal, esse é nosso fim último, para o qual o Senhor nos criou. Enquanto não o atingirmos, não poderemos ter aqui pleno descanso, ainda que aqui possamos ter a paz dos que fazem a vontade divina.

Sim, meu Deus, vivo aqui em paz porque essa é a vossa vontade; mas trago sempre em mim um travo de amargura ao me ver longe de vós.

Afetos e orações

Meu Deus, Criador e Redentor, criastes--me para o paraíso, do inferno me redimistes para levar-me ao paraíso. E eu tantas vezes vos ofendi, renunciando ao paraíso. Para sempre seja bendita vossa misericórdia infinita que me perdoou e da condenação me livrou. Quem me dera jamais vos tivesse ofendido. Ainda bem que tenho tempo de o fazer.

Eu vos amo, amor de minha alma, eu vos amo de todo o coração, eu vos amo mais que a mim mesmo.

Vejo que me quereis salvo, para vos amar por toda a eternidade. Agradeço-vos e peço que me guardeis na vida que me resta, na qual ainda muito vos quero amar, para depois vos amar eternamente.

Espero, Jesus, o dia em que estarei livre do perigo de vos perder, confirmado na necessidade de amar vossa infinita beleza enfim contemplada. Se olho para minha consciência, encho-me de medo, mas ponho minha esperança no vosso amor poderoso.

Rainha do paraíso, Maria, vossa intercessão tudo pode junto de Deus. Em vós confio.

17

O amor tudo suporta

Quem ama Jesus Cristo com um amor forte não deixa de amá-lo nas tentações e tribulações

Nesta vida, os sofrimentos que mais afligem quem ama a Deus não são a pobreza, a doença, a desonra ou a perseguição. Mas as tentações e desolações do espírito. Quando temos a presença amorosa de Deus, as dores, insultos, maus-tratos não nos afligem. Até nos consolam, dando-nos oportunidade de oferecer a Deus algum sinal de nosso amor.

Mas, quando nos vemos em perigo de perder a divina graça, ou tememos já a termos perdido, então, sim, sofremos amargamente. Só o amor nos poderá dar força para suportar isso com paciência e continuar no caminho da perfeição. Aliás, é então que mais avançamos.

As tentações

Para quem ama Jesus Cristo não há sofrimento maior que as tentações. Porque os outros males levam-nos a nos aproximar de Deus pela resignação, mas as tentações levam-nos a abandoná-lo. Ainda que as tentações não venham de Deus, ele permite que seja mais tentado quem mais ele ama.

Isso para que conheça mais sua fraqueza e a necessidade da ajuda divina. No meio das consolações divinas, parece-lhe que pode superar todos os assaltos e fazer tudo por Deus. Quando vem a tentação, e está a ponto de cair, percebe sua miséria e sua impotência sem o socorro divino.

Deus permite as tentações também para que vivamos desprendidos desta terra, desejando o paraíso. E também para que tenhamos mais merecimentos. Na tentação não devemos temer que Deus nos tenha abandonado; pelo contrário, podemos saber que estamos sendo mais amados. A tentação não nos pode manchar, por mais persistente que seja, a menos que lhe demos nosso consentimento. Tanto mais que Deus não permite que sejamos tentados acima de nossas forças, e a tentação nos leva a pedir sempre seu auxílio, sem confiar em nós. Nem por isso devemos desejar a tentação, mas pedir que o Senhor dela nos livre, principalmente da que nos poderia vencer.

São muitos os meios para vencer a tentação. O mais necessário e seguro é recorrer logo humilde e confiadamente a Deus. Temos sua promessa de sempre nos atender quando o invocarmos. A experiência mostra que quem recorre a Deus nas tentações não cai; quem, porém, não recorre sempre cai.

Se persiste a tentação, devemos continuar orando, mas sem perder a calma. Pode também ser útil manifestar a tentação a um guia espiritual. Uma tentação revelada já está meio vencida.[93]

Afetos e orações

Jesus, meu Redentor, espero que tenhais perdoado as ofensas que vos fiz, e espero agradecer-vos para sempre no céu. No passado, miseramente caí e recaí, porque deixei de vos

---

[93] S. Filipe Neri.

pedir a perseverança. Agora vos peço não permitais que me separe de vós. Isso é que vos quero sempre pedir, principalmente quando me vir tentado. Eu o prometo e proponho; mas isso de nada adiantará se não me derdes a graça de a vós recorrer. Pelos méritos de vossa Paixão, dai-me a graça de sempre recomendar-me a vós em minhas necessidades.

Maria, minha mãe e minha rainha, pelo amor que tendes a Jesus, obtende para mim a graça de sempre, durante toda a minha vida, recorrer a vosso Filho e a vós.

As desolações

Nossa devoção não pode ser medida pelas consolações que provamos. A verdadeira devoção consiste em estarmos decididamente resolvidos a fazer em tudo o que agrada a Deus.[94] É com a aridez que o Senhor une a si aqueles que mais ama, afastando-os de todos os apegos terrenos. Tira-lhes os bens temporais, os prazeres do mundo, as riquezas, as honras, os amigos, os parentes, a saúde; desapega-os de todas as coisas criadas para que só neles estejam seus afetos.

---

[94] S. Francisco de Sales.

No começo da vida espiritual o Senhor nos faz provar muitas consolações, que nos enchem de entusiasmo. Com isso nos vai desligando das criaturas e dos prazeres terrenos. Mas isso pode enganar-nos, deixando-nos levar mais por consolações espirituais sensíveis do que por verdadeira vontade de dar gosto a Deus. Nem sempre grande gosto nas devoções significa grande amor a Deus. O amor a Deus e a perfeição não consistem em sentir ternuras e consolações, mas em vencer o amor próprio e fazer a vontade divina. Pois isso, para firmar-nos na virtude e desapegar-nos, aos poucos se vai afastando e nos tira esses gostos sensíveis.

Não devemos rejeitar as consolações que o Senhor nos concede. Mas também não nos devemos prender a elas gulosamente,[95] nem nos deixar levar pela vaidade imaginando que as merecemos mais que outros. Agradeçamos o favor divino e preparemo-nos para tribulações que talvez nos prepare, entregando-nos totalmente em suas mãos.

Se o Senhor deixa-nos na incerteza, nas trevas, nas tentações, no medo, no quase de-

---

[95] S. João da Cruz.

sespero e na revolta, não percamos a coragem nem nos aterrorizemos. Nem por isso estamos pecando ou estamos abandonados. Tenhamos confiança, sabendo que Deus nos ama mais do que nós mesmos nos amamos.[96] Essas angústias são os golpes com os quais Deus nos vai esculpindo.

Afetos e orações

Jesus, minha esperança e único amor, não mereço consolações. Peço apenas que me façais amar-vos e fazer sempre a vossa vontade. Feito isso, fazei de mim o que vos aprouver. Somente não me condeneis a não vos amar.

Amo-vos de todo o coração, amo-vos mais que a mim mesmo. Sei que este meu desejo é também dom vosso. Terminai, Senhor, a vossa obra; fazei que vos ame e vença todas as tentações.

Quero ser todo vosso. Dou-vos meu corpo, minha alma, minha vontade, minha liberda-

---

[96] Sta. Teresa de Jesus.

de. Não quero viver para mim mesmo, mas para vós. De vós espero ajuda para me santificar.

Mandai-me as aflições que quiserdes, tirai-me tudo; basta que não me priveis da vossa graça e do vosso amor.

Maria, esperança dos pecadores, podeis muito junto de Deus. Confio em vossa intercessão. Pelo amor que tendes a Jesus, ajudai-me a ser santo.

ÍNDICE

Introdução 5

1. Jesus merece nosso amor porque muito nos amou sofrendo por nós 9

2. Jesus merece nosso amor pelo amor que nos mostrou ao instituir a Eucaristia 17

3. Temos de confiar no amor comprovado de Jesus e em tudo o que fez por nós 22

4. Quanto devemos amar Jesus Cristo 28

5. Quem ama Jesus suporta o sofrimento 37

6. Quem ama Jesus ama a bondade 44

7. Quem ama Jesus não inveja os grandes do mundo 49

8. Quem ama Jesus foge da tibieza e ama a perfeição 57

9. Quem ama Jesus Cristo não se orgulha de suas próprias qualidades 76

10. Quem ama Jesus Cristo nada ambiciona fora de Jesus Cristo 81

11. Quem ama Jesus Cristo procura desapegar-se de todas as criaturas 85

12. Quem ama Jesus Cristo não se irrita com o próximo 91

13. Quem ama Jesus Cristo nada quer senão o que Jesus Cristo quer 97

14. Quem ama Jesus Cristo
tudo sofre por ele 103
15. Quem ama Jesus crê em todas
as suas palavras 110
16. Quem ama Jesus Cristo
tudo espera de Jesus Cristo 113
17. Quem ama Jesus Cristo com um amor
forte não deixa de amá-lo
nas tentações e tribulações 119